novum pro

AF146609

Frühappell & Nougatbombe

Marion Hilantu

novum pro

www.novumverlag.com

Bibliografische Information
der Deutschen Nationalbibliothek:

Die Deutsche Nationalbibliothek
verzeichnet diese Publikation in
der Deutschen Nationalbibliografie.
Detaillierte bibliografische Daten
sind im Internet über
http://www.d-nb.de abrufbar.

Alle Rechte der Verbreitung,
auch durch Film, Funk und Fernsehen,
fotomechanische Wiedergabe,
Tonträger, elektronische Datenträger
und auszugsweisen Nachdruck,
sind vorbehalten.

© 2015 novum Verlag

ISBN 978-3-99048-016-8
Lektorat: Eva Ebenhoch
Umschlagfoto:
Oleksii Sergieiev | Dreamstime.com
Umschlaggestaltung, Layout & Satz:
novum Verlag

Gedruckt in der Europäischen Union
auf umweltfreundlichem, chlor- und
säurefrei gebleichtem Papier.

www.novumverlag.com

Einleitung

Es ist ein ungemütlicher Tag in Berlin. Es regnet und ich sitze hier auf einer Bank im Tiergarten, direkt unter einer großen, altehrwürdigen Trauerweide in Ufernähe.

Vor mir, auf dem zermatschten Rasen, spielt meine Freundin mit unserer etwas zu langbeinig geratenen Hündin. Beiden scheint der matschige Boden nichts auszumachen und die endlosen Hebauf-und-werf-weg-Stöckchen-Spiele ebenso wenig.

Mit etwas Melancholie beobachte ich die beiden, denn viel mehr gibt es bei diesem Wetter nicht zu sehen. Bisher …! Meine Gedanken werden plötzlich von lauten Rufen zerrissen. Eine tiefe, kräftige Frauenstimme, mit unverkennbarer „Berliner Schnauze", dringt an mein Ohr. Ein Hund, groß, dunkel und sehr schön, schießt wie aus dem Nichts an meiner Bank vorbei, haltlos auf unsere wie zu Stein erstarrte Hündin zu. Ich weiß nicht, wo ich zuerst hinsehen soll, in Richtung Stimme oder zu den Hunden, mit der Angst im Gepäck, dass unsere Hündin jeden Moment gefressen wird. Ich entscheide mich für die Hunde. Doch bis ich eine weitere Reaktion folgen lassen kann, hat sich unsere Hündin offensichtlich schneller gefangen, denn sie begrüßt springend und schwanzwedelnd den Fremdling. Die Situation scheint nicht bedrohlich und so wende ich mich der aufgeregt wirkenden Frau zu, die mit großen Schritten aus dem Regen herbeieilt.

„Mein Bac ist ganz friedlich, Sie brauchen keine Angst zu haben …", spricht es laut in unsere Richtung. Sie lacht und erscheint aus der Nähe gar nicht mehr so aufgeregt. Und auch meine Freundin kommt auf mich zu, da sie nun niemanden mehr zum Spielen hat, denn beide Hunde sind gut miteinander beschäftigt. Sie jagen vergnügt über die nassen Wiesen und durch das flache Wasser.

Meine Freundin ist inzwischen an meiner Bank angekommen, wie auch die fremde Frau, die uns direkt anspricht.

„Was machen Sie beide denn hier auf einer Bank im Regen, Sie haben wohl kein schönes Zuhause, was?" Ein herzliches Lachen folgt und ebenfalls ein neugieriger Blick ihrerseits. Wir schauen etwas überrascht, da für uns die Berliner Offenheit noch fremd ist, doch meine Freundin fängt sich schneller als ich, grinst und sagt: „Nee, von einem schönen Zuhause kann man nicht sprechen. Wir halten uns lieber hier im Regen auf als in unserer Dunkelkammer." Die fremde Frau schaut uns verwundert an, geht aber auf unsere Antwort nicht weiter ein. „Ich habe Sie noch nie hier im Park gesehen und ich gehe hier jeden Tag mit meinem Hund spazieren. Sie kommen wohl auch nicht aus Berlin, oder, ich meine, wegen Ihres Dialektes?" „Nein, wir sind erst vor zwei Monaten aus beruflichen Gründen hierher gezogen. Im Park sind wir erst das zweite Mal", erzählt ihr meine Freundin bereitwillig. Ich wundere mich über sie, da sie Fremden gegenüber sonst nie sehr viel über uns erzählt. Danach mustere ich die Frau und vom Alter her könnte sie meine Mutter sein, allerdings hat sie sich besser gehalten als meine Mutter sich. Sie wirkt auf mich wie ein in die Jahre gekommenes Modell. Groß, schlank, sportlich, sehr gepflegt und nicht unattraktiv. Meine Freundin und sie kommen schnell ins Gespräch und ich wünschte mir, ich könnte so offen sein wie die beiden. Die Hunde toben immer noch und ich besinne mich auf meine Kinderstube, rücke auf der Bank beiseite und biete den beiden Platz an. Die Frau nimmt dankend an und auch meine Freundin rückt an meine Seite. „Ach. übrigens, ich heiße Claudia", stellt sich die Frau vor. „Was haltet ihr davon, wenn wir uns hier öfter sehen würden? Die Hunde verstehen sich doch prima. Bac hat nicht immer gleichwertige Spielgefährten. Wäre doch schön, wenn sie sich beide auspowern könnten!" Ich ergreife nun mutig das Wort und stelle mich auch vor. „Ich heiße Tina und sie ist meine Lebensgefährtin Carola und gerne kommen wir wieder, für unsere Hündin wäre das wunderbar. Ich arbeite von zu Hause aus und kann mir meine Zeit einteilen. Wenn Sie mir sagen, wann Sie hier sind, lässt sich das einrichten. Zumindest, bis wir eine andere Wohnung gefunden haben, denn lange halten wir es in der jetzigen nicht mehr aus." War ich das? So viel rede ich sonst nie am Stück, schon gar nicht so direkt, aber diese Frau strahlt etwas Vertrauensvolles aus.

Claudia schaut mir offen ins Gesicht. „Sie beide sind ein Paar? Bisher hab ich noch kein Frauenpaar kennengelernt. Aber das ist kein Problem für mich und für Bac sicher auch nicht." Sie lacht. „Und keine Sorge", sagt sie, „in unserem Wohnhaus und in der Nachbarschaft gibt es noch einige freie Wohnungen, die wirklich schön sind. Ich kann meinen Hausverwalter fragen, ob etwas Passendes für euch dabei ist, wenn ihr das möchtet, da lässt sich bestimmt etwas machen und es ist gar nicht weit von hier. Gebt mir doch eure Telefonnummer, ich melde mich dann bei euch, wenn ich Näheres weiß."

Ich bin leicht verunsichert. Träume ich? Natürlich möchten wir. Ein Blickwechsel mit meiner Freundin, das Strahlen in ihren Augen und wir wissen beide, alles wird gut.

Zwei Wochen später meldete Claudia sich tatsächlich bei uns und wir hatten eine neue Wohnung, zusätzlich eine wunderbare neue Bekannte und unsere Hündin einen neuen Spielgefährten.

Wir hatten interessante Spaziergänge mit Claudia und verlebten einige schöne Jahre in Berlin, bevor wir unsere Hündin, ihr Spielzeug und unsere Sachen wieder packten und zurück nach Hamburg zogen.

Ich bin voll mit Eindrücken vom alten und neuen Berlin und den Geschichten einer echten Berliner Pflanze, deren sonniges Gemüt noch bis heute in mir nachwirkt. Einige Stationen ihres bewegten Lebens möchte ich gern erzählen.

∞⋄∞

1

Juni 1939, ein Jahr mit historischen und für viele Menschen schicksalshaften Tiefgang.

Stars wurden geboren, wie Tina Turner und Lily Tomlin in den USA, Terence Hill in Venedig und John Cleese in England. Doch man kann sich nicht aussuchen, wann und wo man zur Welt kommt, und somit erblickte in diesem Jahr ein Mädchen namens Claudia das Licht der Welt in Berlin. Abgesehen von den Wandlungen und Querelen, die Berlin in den kommenden Jahren mitmachte, wuchs Claudia in ihren ersten sieben Lebensjahren, wohlbehütet und zufrieden in einem sicheren Nest der gutbürgerlichen Gesellschaft Berlins auf.

Dem äußeren Anschein nach eine glückliche Familie. Doch die Zeiten änderten sich und die kleinen Streitereien mit ihrem drei Jahre älteren Bruder Jörg und die größeren mit ihrem Vater spielten inzwischen hinter der verschlossenen Wohnungstür eine wirklich ernst zu nehmende Rolle. Trotz Kriegsbeteiligung ist Vater Friedrich der Familie erhalten geblieben. Vor dem Krieg war er ein viel beschäftigter Malermeister und auch danach liefen die Geschäfte nicht schlecht. Und er sorgte gut für seine Familie, zudem, wie damals üblich, hauptsächlich in Naturalien bezahlt wurde. Für ausreichend Essen und auch sonstige Annehmlichkeiten war also gesorgt.

Bis zu dem Moment, als die Kinder an einem trüben Novembertag von der Trennung ihrer Eltern erfuhren. Ihre Mutter Elisabeth brachte es den beiden nicht gerade schonend bei, sondern auf ihre direkte Berliner Art, kurz und knapp.

Für Claudia war es eine schöne Überraschung. Denn ihr Vater war ein jähzorniger Mann, der sie und ihren Bruder gnadenlos mit dem Siebenstriemer schlug, um seine Kinder zu „erziehen", wie er immer betonte. Die Striemen hielten sich lange und brennend auf ihren Hinterteilen und Elisabeth stand der Gewalt ihres Mannes machtlos gegenüber. Größtenteils entwickelten sich seine Gewaltausbrüche durch Stress im eigenen Geschäft. Er ließ sich von jedem Kunden auf der Nase herumtanzen, nur um gut angesehen zu sein. Das jähzornige Ergebnis bekamen letztendlich Frau und Kinder zu spüren.

Nachdem Friedrich die Scheidung eingereicht hatte, zog er aus der gemeinsamen Wohnung aus und überließ sie seiner Frau, den beiden Kindern und dem Hund Bienchen. Zu dieser Zeit wurde das Scheitern einer Ehe schuldig oder nicht schuldig geschieden und Friedrich besaß zweifelhafte Bekannte, die für ihn aussagten, dass Elisabeth ein Haustyrann gewesen sei. Obwohl sie keinen dieser selbst ernannten Zeugen kannte, glaubte das Gericht ihnen, und somit wurde ihr die alleinige Schuld zugesprochen. Das Recht auf Unterhalt für sich und ihre Kinder fiel somit weg. Das war es, worum es Friedrich ging.

Für Elisabeth hieß es mit diesem Urteil, sie musste die Familie allein ernähren, was ihr kaum möglich war. Von ihrem geringen Sekretärinnen-Gehalt lebten die drei und ihr Hund mehr schlecht als recht. Aber sie ließ es die Kinder nie spüren und eher verzichtete sie auf einige Mahlzeiten, bevor es ihren Kindern schlecht ging.

Doch ihr war klar, lange würde es ohne geregelte Mahlzeiten oder neue Bekleidung für die Kinder nicht gut gehen und sie überlegte fieberhaft, wie sie die Situation ändern könne.

∞∞

2

An einem ganz normal verlaufenden Morgen machte sich Elisabeth auf den Weg zur Arbeit, nichts Schlimmes ahnend und mit dem Wissen, Kinder und Hund gut versorgt zu haben. Sie wusste, dass sie sich auf ihre Kinder verlassen konnte, wenn es darum ging, dass sie sich pünktlich auf den Weg zur Schule machten oder nach der Schule wieder nach Hause kamen. Sie gehörten nicht zu den Kindern, die sich irgendwo herumtrieben. Mit diesen Gedanken verließ sie in der Früh ihre Wohnung.

Am Mittag, nach der Schule, spielten die Geschwister mit ihrem Hund und Jörgs Freunden auf der Straße Fußball. Nach einigen Stunden forderte Jörg seine Schwester auf, in die Wohnung zu gehen, um einige Kopftücher zu besorgen, damit er und seine Freunde Cowboy und Indianer spielen konnten. Er selbst war zu faul dazu, und da er Claudia gegenüber ein ebenso aggressives Verhalten zeigte wie auch schon ihr Vater, machte sie sich widerwillig auf den Weg in den vierten Stock.

Da es schon schummrig wurde und wieder einmal Stromsperre herrschte, nahm sie eine Kerze aus dem Schubfach der Flurgarderobe, zündete sie an und leuchtete in den Schlafzimmerschrank. Sie fand einige Tücher, pustete die Kerze aus und legte sie zurück auf die Ablage im Flur und rannte nach unten.

Elisabeth kam kurze Zeit später nach Hause. Sie begrüßte ihre Kinder und Bienchen auf der Straße und ließ sie noch spielen, da die Essensvorbereitung noch etwas dauern würde, und so machte sie sich auch auf den Weg in den vierten Stock. Als sie oben ankam, bemerkte sie sofort diesen beißenden Geruch, der unter ihrer Wohnungstür hervorquoll, den nur Qualm eines Feuers erzeugen kann, und sie schloss eilig die Tür auf. Brandgeruch kam ihr entgegen.

Sie lief den Flur entlang in die Richtung, aus der der Brandgeruch kam, und stand im verqualmten Schlafzimmer. Sie nahm die Hitze in der Nähe des Kleiderschrankes wahr und gegen jede Vorsicht öffnete sie die Schranktür. Eine Stichflamme schoss ihr entgegen.

In dem Moment, in dem die Flammen Besitz von Elisabeth nehmen wollten, drehte sie sich reaktionsschnell zur Seite, schloss hastig die Tür und alarmierte die Feuerwehr.

Die schnell eintreffenden Feuerwehrmänner konnten den Brand zügig löschen. Doch beim Abrücken des schweren Schrankes von der Wand trauten die Männer ihren Augen nicht. Durch die Hitze hatte sich die Tapete von der Wand gelöst und ein großes Loch kam zum Vorschein.

Wie gebannt starrten die Feuerwehrmänner auf das Loch, und keiner wagte sich zu bewegen. In dem Loch befand sich eine Bombe. Ein Blindgänger aus vergangenen Kriegsjahren.

Alle Mieter des Hauses mussten umgehend ihre Wohnungen verlassen und Zuflucht bei Freunden oder Familienmitgliedern aus der Umgebung suchen oder auf der Straße ausharren. Es dauerte bis spät in die Nacht, bis die Bombe entschärft werden konnte und die Bewohner zurück in ihre Wohnungen durften. Bei der Klärung der Brandursache fiel den Männern die Kerze auf der Flurgarderobe auf und sie befragten Elisabeth und deren Kinder. Claudia erzählte den Männern, dass sie die Kerze benutzt hatte, um im Schrank besser sehen zu können, sie wieder ausgeblasen und weggelegt hatte. Den beim Ausblasen entstandenen Funkenflug, der die Kleidung erfasste und sie in Brand setzte, musste sie übersehen haben, denn sie wollte doch nur schnell zurück zu ihrem Bruder, damit sie sich keine Ohrfeige von ihm einfangen würde, weil sie so lange weg geblieben war. So ihre Erklärung.

Es machte niemand der Elfjährigen einen Vorwurf, denn im Nachhinein waren alle sogar froh über diesen Vorfall, weil auf diesem ungewöhnlich Weg, die Bombe erst entdeckt werden konnte. Doch ihr Bruder hatte kein Verständnis für sie und machte Claudia dafür verantwortlich, dass sie die halbe Nacht auf der Straße verbringen mussten.

Jörg bestrafte sie wieder auf seine Weise. Er schlug seiner Schwester mit der Faust so heftig ins Gesicht, dass sie noch tagelang Schmerzen am Jochbein verspürte.

Das Erziehen ihres Sohnes neben ihrer Arbeit zehrte an Elisabeths Nerven, denn Jörgs Verhalten wurde für sie, so wie für ihre Tochter, unerträglich.

Einige Wochen später ergab sich die Möglichkeit, Jörg zu Freunden nach Frankfurt am Main zu schicken. Als Grund erklärte Elisabeth ihm, dass er an einem Praktikum in einer Versicherung teilnehmen könnte und es eine große Chance für ihn sei, in ein paar Jahren einen guten Beruf erlernen zu können. Obwohl Jörg nicht begeistert von der Idee seiner Mutter war, setzte Elisabeth ihren inzwischen fünfzehnjährigen Sohn, in den Zug nach Frankfurt. Doch ihr Hauptgrund war, zu verhindern, dass er ihr Vorhaben verraten könnte, mit dem sie sich seit einiger Zeit befasst hatte, falls er Veränderungen im Tagesablauf bemerken sollte, denn sie traute ihrem Sohn einfach nicht mehr über den Weg. Denn für Elisabeth stand fest, es musste ein Neuanfang her. Ohne ihren Sohn. Und ihr Ziel war der Westteil Berlins.

∞∞

3

Um gefahrlos in den Westteil zu kommen, bedurfte es ein wenig Glück. Und das hatte sie. Elisabeth kannte flüchtig einen sehr netten Grenzpolizisten, der in der Nähe wohnte. Der junge Mann absolvierte täglich seinen Dienst, morgens und abends, bei ihr um die Ecke an einem Schlagbaum, der den Osten vom Westen Berlins trennte. Er ließ Elisabeth problemlos pendeln und stellte auch keine Fragen. Ohne ihren Bürojob zu kündigen, indem sie sich krank meldete, verließ Elisabeth den Ostteil, um sich im Westteil eine neue Wohnung und Arbeitsstelle zu suchen. Und das Glück blieb ihr treu, denn nach drei Tagen pendeln zwischen Ost und West fand sie ein Zimmer und eine Arbeitsstelle.

Claudia, die in die Pläne ihrer Mutter eingeweiht war, sollte zwei Wochen in ihrer Wohnung verbleiben, damit kein Verdacht der Republikflucht aufkam, und dann nachkommen.

Während dieser Zeit, in der Elisabeth pendelte, kam sie jeden Abend nach Hause und versorgte ihre Tochter mit Lebensmitteln. Sie überließ Claudia zwei Groschen und eine Telefonnummer, unter der sie ihre Mutter im Notfall anrufen konnte. Doch Elisabeth glaubte nicht, dass Claudia sie benutzen musste, denn sie wollte ihre Tochter bald nachholen.

Einige Tage später spielte Claudia mit ihrem Hund vor der Haustür, als ein dort patrouillierender Volkspolizist sie zu sich rief. Er befahl ihr in den Westteil zu gehen, um ihm eine Packung

Zigaretten zu kaufen. Nervös hantierte er an seinem Maschinengewehr herum, weil er sich dessen bewusst war, dass sein Vorhaben verboten war. Claudia wusste das nicht.

Während sie noch überlegte, ob sie seiner Aufforderung nachkommen sollte, löste sich plötzlich ein Schuss. Die dabei aufwirbelnden Steine flogen durch die Luft und trafen Claudia am Oberschenkel. Zutiefst erschrocken bemerkte sie den Schmerz nach ein paar Sekunden, und im festen Glauben, erschossen worden zu sein, lief sie hysterisch schreiend ins Haus und schrie immer wieder, „Ich bin tot, ich bin tot, ich bin tot …!"

Die vier Stockwerke stolperte Claudia voller Panik, immer noch schreiend und unter Schock stehend, nach oben zur Wohnung und Hund Bienchen hastete ihr eilig hinterher. Als sie in der Wohnung ankam und spürte, dass sie noch am Leben war, blieb ihr nicht viel Zeit sich zu erholen. Eine neugierige und republiktreue Nachbarin bekam den Zwischenfall auf der Straße und natürlich auch Claudias Geschrei im Treppenhaus mit. Da sie zu wissen glaubte, dass Claudia schon seit einigen Tagen allein in der Wohnung wohnte und auch jetzt von ihrer Mutter keine Spur war, rief sie umgehend die Polizei.

Claudia hatte sich gerade beruhigt und das Blut vom Bein gewischt, als es an der Haustür klingelte. Ihr war sofort klar, dass sie in Schwierigkeiten steckte, denn es kam um diese Zeit nie jemand zu Besuch. Sie schaute durch den Türspion und sah einen Mann im dunklen Anzug und zwei Polizisten. Sie schrak zurück und überlegte fieberhaft, was zu tun war, indes stieg Panik in ihr auf. Es gab keine Möglichkeit mehr, die Wohnung so herzurichten, als wenn Mutter und Tochter dort gemeinsam leben würden. Und ihr war bewusst, dass sie verhindern musste, dass ihre Mutter, die ihr gewöhnlich zu dieser Zeit das Essen brachte, den Männern begegnete. Claudia sah nur eine Möglichkeit ihre Mutter zu warnen, sie musste auf den Balkon gelangen. Sie ließ die Männer herein.

∞∞

4

Die Beamten brachten einen Mann vom Jugendamt mit, der ihr viele Fragen stellte, auch zu den im Flur stehenden gepackten Koffern. Claudia erklärte ihm, dass sie und ihre Mutter die Wohnung demnächst renovieren wollten und sie ihre Bekleidung in die Koffer gepackt hatten, weil es sonst keinen Platz für sie gab. Die Männer glaubten ihr, da sie sehr überzeugend war.

Während sich die Beamten weiter in der Wohnung umsahen und der Mann vom Jugendamt mit seinen Unterlagen beschäftigt war, ergab sich für Claudia eine gute Möglichkeit auf den Balkon zu gehen. Als sie die Balkontür öffnete, trat einer der Beamten hinter sie und wollte sie begleiten.

Unsicher betrat sie den Balkon, doch als sie Elisabeth kommen sah, konnte Claudia mit viel Geschick und etwas Glück den Beamten so weit ablenken, dass sie hinter seinem Rücken Handzeichen geben und somit auf den Mann aufmerksam machen konnte.

Als Elisabeth von Weitem ihre winkende Tochter und einen Mann in Uniform auf ihrem Balkon sah, erkannte sie sofort die Gefahr, und noch bevor sie ihr Haus betrat, entkam sie Richtung Schlagbaum, der zurück in den Westen führte. Doch ihre Tochter musste sie schweren Herzens vorerst ihrem Schicksal überlassen. Ohne eingeladen worden zu sein, betrat die Nachbarin die Wohnung und erzählte den Beamten, dass sie die Mutter nur sehr selten in den Abendstunden sähe und noch vor einigen Monaten der Vater des Mädchens hier gelebt hatte. Claudia wurde von den Beamten auf der Stelle befragt, wo sich ihre Eltern aufhalten würden. Diesem Druck konnte die Zwölfjährige nicht lange standhalten und sie verriet, dass ihre Mutter im Westen sei, die Adresse ihres Vaters wusste sie nicht. Die Polizisten brachten Claudia zum Jugendamt, dort fand der Beamte nach einigen Recherchen die neue Adresse des Vaters heraus.

Friedrich wurde kurze Zeit später informiert.

5

Obwohl er nicht glücklich war, seine Tochter bei sich aufnehmen zu müssen, beugte sich Friedrich dem Beamten vom Jugendamt und nahm Claudia, samt Hund Bienchen, zu sich. Er war zumindest froh darüber, dass er nicht auch noch seinen Sohn beherbergen musste. Friedrichs neue Frau Ulla hasste Kinder und Tiere und sie ließ es Claudia direkt spüren. Es war ein schreckliches Gefühl für das Mädchen so unerwünscht zu sein, und nach vier Wochen teilte Friedrich seiner Tochter mit, dass sie nicht länger bei ihnen leben könne. Ihr Vater erklärte ihr, dass sie nach Alt-Stralau in ein schönes Übergangslager für Jugendliche kommen würde, und versprach ihr, Elisabeth zu informieren, damit sie schon bald zu ihrer Mutter in den Westen könnte. Der Gedanke, dass es schlimmer als beim Vater nicht werden würde, stimmte Claudia sogar etwas fröhlich, und so packte sie wieder einmal ihre Koffer und fuhr, Bienchen eng umschlungen, in eine ungewisse Zukunft.

Als sie in Alt-Stralau ankamen, erkannte Claudia recht schnell, dass es sich nicht um ein schönes Übergangslager für Kinder handeln konnte, die auf die Ankunft ihrer Mütter warteten. Es musste etwas Schlimmeres sein, denn das Gebäude glich einem Gefängnis.

Als sie in das Büro der Heimleiterin traten, fragte Claudia, wo sie denn sei, ob es sich um ein Gefängnis handeln würde, obwohl sie doch gar nichts getan hätte. Die Leiterin schmunzelte und teilte ihr mit, dass es sich bei dieser Einrichtung um ein Heim für schwer erziehbare Mädchen handelte. Claudia stand unter Schock. Sie war doch nicht schwer erziehbar! Was sollte sie hier?

Ihr Vater drängte zum Aufbruch und es folgte eine emotionslose Verabschiedung von Friedrich, aber eine herzzerreißende von Bienchen. Claudia wurde plötzlich bewusst, dass sie ihren geliebten Hund vielleicht nie wieder sehen würde. Dann waren sie weg. Eine Aufseherin brachte Claudia zu ihrem Schlafplatz. Das andauernde Klappern der Schlüssel am Schlüsselbund, die

die Aufseherinnen ständig mit sich trugen, schüchterte sie sehr schnell ein. Als sie im Schlafsaal ankamen und die Aufseherin ihr das Bett zeigte, in dem sie ab jetzt schlafen sollte, wurde sie von den älteren Mädchen begrüßt wie alle Neuen: Sie schlugen Claudia und stahlen ihr ihre persönlichen Sachen. Die Aufseherinnen sahen nur amüsiert zu. Claudia wusste, dass sie es nicht ewig dort aushalten würde, und nach drei Wochen unternahm sie ihren ersten Fluchtversuch. Sie kletterte am Blitzableiter herunter.

Doch der Traum, zu flüchten, scheiterte an der Wirklichkeit, denn bereits wenige Meter vom Haus entfernt wurde sie gefasst und als Bestrafung in den Bunker gesteckt. Der Bunker war klein wie eine Hundehütte, so empfand es Claudia jedenfalls. Er war feucht, es gab kein Fenster, kein Licht und auch zu essen und zu trinken bekam sie nichts. Sie hatte große Angst.

Am nächsten Tag durfte Claudia wieder auf ihr Zimmer, doch zur Schule ließ man sie vorerst nicht gehen, da die Anstaltsleitung mit weiteren Fluchtversuchen rechnete. Somit erfüllte nun auch Claudia den Status, ein schwer erziehbares Kind zu sein.

In dieser furchtbaren Zeit hielt sie lediglich die Hoffnung aufrecht, dass ihre Mutter bald kommen und sie abholen würde, denn ihr Vater wollte ihrer Mutter doch sagen, wo sie sie finden konnte. Das hatte er ihr jedenfalls versprochen. An einem sonnigen Tag, inzwischen waren einige Wochen vergangen, kam eine der boshaften Aufseherinnen zu Claudia und teilte ihr mit, dass sie Besuch hatte.

Sie sprang vor Freude auf und rannte in den Besuchsraum, weil sie sich sicher war, dass ihre Mutter endlich da sei. Sie wunderte sich schon länger, warum sich Elisabeth so lange nicht gemeldet hatte.

Ihre Enttäuschung war nicht zu übersehen, als sie Ulla, die Frau ihres Vaters, sah. Ulla sagte ihr in knappen Worten, dass sie Bienchen nicht länger behalten konnten und den Hund zu netten Leuten gegeben hatten.

Eine Welt brach für Claudia zusammen und sie fing an zu weinen und konnte nicht mehr aufhören. Auch noch lange nicht, nachdem Ulla gegangen war. Erst Jahre später erfuhr Claudia, dass Bienchen nicht zu netten Leuten, sondern ins Tierheim zum Einschläfern gebracht worden war.

∞∞

6

Nach sechs Wochen Aufenthalt in Alt-Stralau, einem missglückten Fluchtversuch, keinem Besuch ihrer Mutter, dafür einem unerfreulichen ihrer Stiefmutter, ging es für den Rest des Sommers nach Erkner in ein Sommerlager.

Die Hoffnung, es könnte sich um ein Kindercamp mit Gesang und Lagerfeuer handeln, entpuppte sich als großer Irrtum. Es war ein hartes Arbeitslager.

Um 05:00 Uhr in der Früh wurde zum Appell gerufen, anschließend gab es ein karges Frühstück. Vor Arbeitsbeginn mussten sich alle Mädchen mit Blick zum Bild von Erich Honecker aufstellen und die Nationalhymne der DDR singen. Von 07:00 Uhr bis 16:00 Uhr wurde ohne Pause gearbeitet. Es wurden alte Strümpfe zerschnitten und am Spinnrad zu Garn verarbeitet, denn Recycling war damals schon sehr modern.

Es war Hochsommer, und obwohl die Hitze am Spinnrad unerträglich war, trug Claudia ihre dicken Socken, in denen sie ihren größten Schatz versteckt hatte. Zwei Groschen und die Telefonnummer ihrer Mutter im Westen. Die Aufseherinnen hatten ihren Schatz bis jetzt nicht gefunden, aber sie musste vorsichtig sein. Sie hatte zwar nur dieses eine Paar, doch die Aufseherinnen wären sicher misstrauisch geworden, wenn Claudia öfter in ihren Fokus geraten wäre, denn die meisten Kinder trugen bei diesem Wetter natürlich gar keine Socken in ihren Sandalen.

Um 16:00 Uhr wurde die Arbeit beendet, und wenn keines der Kinder auffällig geworden war, gab es Freizeit. Sie bestand darin, dass alle Kinder im Speisesaal auf ihren Plätzen sitzen mussten und auf ihr Abendessen warteten, um danach zu Bett zu gehen. Es war eine schlimme Zeit.

Die Nächte waren noch schlimmer, von viel Angst geprägt und oft sehr lang. Es war bei allen Aufseherinnen bekannt, dass die Volkspolizisten, die nachts das Lager bewachten, sich an den Mädchen vergingen.

Claudia, die Jüngste im Camp, vergaß oft zu atmen, wenn sie die Polizisten in den Gemeinschaftsschlafsaal kommen hörte. Sie stellte sich dann schlafend, geplagt von Angst und schrecklichem Heimweh. Doch sie hatte Glück, sie blieb immer verschont. Wenn die Männer wieder gegangen waren, musste Claudia oft weinen, wie andere Mädchen neben ihr auch, und es dauerte lange, bis sie alle wieder einschlafen konnten.

Nach drei Wochen harter Arbeit kam eine Aufseherin nach dem Morgenappell in die gemeinsamen Unterkünfte und kündigte den Mädchen eine Überraschung an. Claudia war gespannt und aufgeregt zugleich, und obwohl Neuigkeiten in den letzten Wochen nie etwas Gutes bedeutet hatten, hoffte sie doch, dass es diesmal anders wäre.

Die Aufseherin teilte den Mädchen mit, dass sie alle, als Belohnung für ihre Arbeit der letzten Wochen, am nächsten Tag mit der S-Bahn nach West-Berlin fahren würden, um einen Zirkus zu besuchen. Die Mädchen freuten sich so sehr über diese Abwechslung, dass sie sämtliche Strapazen der letzten Wochen für einen Moment vergaßen. Doch Claudia traute niemandem mehr und wollte sich erst so richtig freuen, wenn sie bei dem Zirkus ankämen.

Am nächsten Tag ging es tatsächlich los. Sie fuhren mit der S-Bahn Richtung Westen und es wurde viel unter den Mädchen geredet und gelacht. Nach so vielen kaputten Strümpfen, die sie verarbeitet hatten, waren alle froh über diesen tollen Ausflug.

Der erste Halt der S-Bahn im Westen war am Botanischen Garten. Während die Bahn in die Station einfuhr, flüsterte eines der netten älteren Mädchen Claudia ins Ohr, dass der beste Moment für eine Flucht wäre, wenn die Bahn am Anfahren sei. Sie wusste von Claudias Wunsch, zur Mutter zurückzukehren, doch sie selbst brachte nicht den Mut auf, es zu versuchen. Claudia war leicht verwirrt, hatte aber nicht genug Zeit, um darüber nachzudenken, und reagierte spontan. Mit dem ersten Ruckeln des anfahrenden Zuges lief sie zur Tür, riss diese auf, sprang hinaus und rannte, als wenn der Teufel hinter ihr her wäre. Ob sie verfolgt wurde, wusste sie nicht, sie schaute sich auch nicht um. Sie sprang so schnell sie konnte die Stufen des Bahnhofes nach unten, bis sie auf der Straße angelangt war, und lief weiter und weiter und weiter. Als sie nicht mehr laufen konnte, versteckte sie sich in einer Nische zwischen zwei Häuserblöcken und traute sich erst eine Stunde später vorsichtig aus ihrem Versteck heraus, um zu schauen, dass sie niemand verfolgte. Sie sah niemanden und konnte kaum glauben, dass sie es geschafft hatte. Zitternd vor Aufregung, holte sie ihre gut versteckten Groschen aus ihrer Socke, machte sich auf die Suche nach der nächsten Telefonzelle und rief ihre Mutter an.

7

Es war die Nummer von Elisabeths Arbeitsstelle. Nach ihrer Flucht aus Ost-Berlin arbeitete sie als Sekretärin im amerikanischen Konsulat in Zehlendorf.

Als Elisabeth Claudias Stimme am Telefon hörte, brach sie in Tränen aus. Abwechselnd weinend und lachend erklärte sie ihrer lang vermissten Tochter den Weg zum Konsulat. Erst jetzt wurde Claudia bewusst, dass sie endlich wieder frei war. Nachdem Claudia den Hörer eingehängt hatte, fiel ihr ein, dass sie gar kein Geld für die Fahrt zum Konsulat hatte. Doch inzwischen an Strapazen gewöhnt, dachte sie über die Entfernung nicht nach und machte sie sich auf den langen Weg nach Zehlendorf.

Sie fragte sich mehrfach bei Passanten durch und nach zwei Stunden strammen Fußmarschs stand sie endlich vor dem Konsulat. Sie musste aber noch gut eine Stunde warten, bis ihre Mutter Dienstschluss hatte. Nun kam Claudia endlich zur Ruhe. Erst jetzt bemerkte sie, welch großen Hunger sie hatte, denn es hatte schon lange keine richtige Mahlzeit mehr gegeben. In den letzten Wochen waren die Portionen ohnehin nicht die üppigsten gewesen.

Als Elisabeth endlich aus dem Konsulat trat und ihr dürres Kind sah, fing sie hemmungslos zu weinen an. Sie liefen aufeinander zu und fielen sich in die Arme, weinten vor Glück und wollten sich nie wieder loslassen. Das war der schönste Tag in ihrer beider Leben.

Nachdem sie sich wieder beruhigt hatten, überlegte Elisabeth, wo sie ihre Tochter unterbringen konnte. Sie selbst hatte nur ein kleines Zimmer in einer großen Wohnung eines älteren Ehepaares gemietet, das keine weiteren Untermieter erlaubte. Doch für diesen Moment sah Elisabeth keine andere Möglichkeit und nahm Claudia mit zu sich.

Um nicht ihrem Vermieter begegnen und die Situation erklären zu müssen, schlichen die beiden in die Wohnung. Elisabeths Vermieter war ein sehr unsympathischer Zeitgenosse, der merkwürdige Vorlieben hatte. Unbemerkt gelangten sie in das kleine Zimmer, das nur mit einem schäbigen Sofa, einem wackeligen Tisch und einem kleinen Schrank ausgestattet war.

Elisabeth machte ihrer Tochter etwas zu essen und dabei erzählte Claudia ihr von ihrer Odyssee in den vergangenen Monaten. Elisabeth war sichtlich ergriffen. Als ihre Tochter am Ende ihrer Erzählungen war, machte sie ihr das Bett und Claudia schlief zum ersten Mal seit Langem ohne Angst ein.

Am nächsten Morgen war Elisabeth völlig unausgeschlafen, denn sie hatte die Nacht auf dem Fußboden verbracht und mehr als nur schlecht gelegen. Sie hatte sich außerdem entschieden, sich mit dem Vermieter nun doch über die neue Situation zu unterhalten. Es kostete Elisabeth eine Menge Überredungskunst, aber gegen einen Aufpreis von zehn Mark war er bereit, Claudia für eine kurze Zeit in dem Zimmer wohnen zu lassen. Allerdings beobachtete er die beiden, wann immer er konnte, und putzte jeden Schritt, den sie taten, hinter ihnen her. Auch die Küche durften Mutter und Tochter nur zu bestimmten Zeiten benutzen, sodass sie die meistens auswärts aßen. Doch Elisabeths Geldreserven gingen dem Ende zu, wenn sie auf Dauer nicht selbst kochen konnten. Sie überlegte, wie sie ihre Situation schnellstens ändern könnte, denn ihr Vermieter nutzte die Situation schamlos aus. Er machte Elisabeth gegenüber immer öfter anzügliche Bemerkungen, und dass er bei diesen Gesprächen immer im Pyjama vor ihr stand, egal zu welcher Tageszeit, war für Elisabeth nicht länger zu ertragen. Als sie ihn auf seine Bemerkungen ihr gegenüber ansprach, klärte er sie nur kurz auf ... wenn es ihr nicht passte, könnte sie ja ausziehen ...

Einige Tage später erzählte eine Bekannte Elisabeths ihr von einem privaten Wohnheim in Steglitz, das von zwei älteren Frauen geführt wurde. Elisabeth rief dort sofort an und vereinbarte für den nächsten Tag einen Termin für ein Vorstellungsgespräch.

Als am nächsten Tag die beiden Damen von Elisabeths derzeitiger Wohnsituation erfuhren, waren sie sofort bereit, Claudia aufzunehmen, obwohl sie ausgebucht waren. Es gab ein Notplätzchen in diesem Heim und das würde für eine gewisse Zeit reichen.

Erleichtert und zufrieden, für ihre Tochter eine gute Bleibe gefunden zu haben, ging Elisabeth nach Hause und holte Claudia ab, um mit ihr noch Bekleidungsstücke zu kaufen. Am nächsten Tag hieß es wieder einmal: Koffer packen und Abschied nehmen. Claudia zog in das Wohnheim, ging in Steglitz zur Schule und an den Wochenenden traf sie ihre Mutter.

Doch beide waren mit den Wochenendbesuchen nicht glücklich. Nach zwei Monaten vergeblicher Wohnungssuche entschloss sich Elisabeth, ein Zimmer in einem sogenannten Vier-Wochen-Durchgangslager in Lichtenrade zu beziehen. Solch ein Durchgangslager zu bewohnen, war zu dieser Zeit notwendig, um eine Wohnung auf Dringlichkeit zu bekommen.

Voller Genugtuung kündigte sie ihr Zimmer, holte Claudia aus dem Wohnheim ab und sie zogen nach Lichtenrade. Sie wollten die gesamten vier Wochen bleiben, obwohl der Weg zur Schule und zur Arbeit einer Tagesreise gleichkam.

∞∞

8

Es wurde kühler in Berlin, der Winter stand vor der Tür und in dem Zimmer des Übergangslagers gab es keine Heizung. Um Claudia aufzuwärmen, wollte Elisabeth ihrer Tochter ein Bad einlassen. In einem anderen Gebäude des Lagers befand sich eine Waschküche, in der eine rostige Wanne und ein alter Waschzuber standen. Als Elisabeth den Zuber mit eingesammeltem Holz befeuerte und das Wasser immer wärmer wurde, verließ sie kurz die Waschküche, um ein Handtuch zu holen. Claudia stieg indes in den Zuber und ein wohliges Gefühl breitete sich bei ihr aus.

Das wohlige Gefühl, das sie noch vor Minuten empfunden hatte, wandelte sich schlagartig in ein beklemmendes Gefühl um. Unter ihr wurde es heiß und sie hatte Angst, sich ihre Füße zu verbrennen. Sie hüpfte wie ein Tanzbär von einem Bein auf das andere, denn es war ihr nicht mehr möglich, sich am Rand des Zubers festzuhalten. Panik stieg in ihr auf und sie begann nach ihrer Mutter laut zu schreien. Als Elisabeth die Panik in der Stimme ihrer Tochter hörte, kam sie zurückgerannt, und bevor sich Claudia starke Verbrennungen zuziehen konnte, hob sie ihre Tochter noch rechtzeitig aus dem Waschzuber heraus. Einige Tage, bevor die Vier-Wochen-Wohnfrist in dem Lager abgelaufen war, bekamen Elisabeth und ihre Tochter die gute Nachricht, dass sie in Tempelhof eine Wohnung bekommen könnten. Allerdings wäre die Wohnung erst zwei Wochen später bezugsfertig, doch sie mussten in wenigen Tagen das Lager verlassen. Eine Lösung musste schnellstens her. Elisabeth hatte inzwischen viele gute Bekannte und Kollegen im Konsulat. Als sie einige ansprach, ob sie eine Wohnmöglichkeit für zwei Wochen hätten, bot ihr ein Kollege seine kleine Laube in seinem Schrebergarten an. Es war eine gute Idee und Elisabeth nahm an. Nur hatte die Laube auch einige Defizite. Sie lag weit entfernt von Claudias Schule und Elisabeths Arbeitsstelle und es regnete rein. Zu dieser Jahreszeit regnete es sehr oft, somit standen sie häufig im Wasser. Es hatte aber auch eine komische Seite. Wenn Elisabeth das Essen am Herd zubereitete und es zu regnen begann, stand sie mit einem Regenschirm am Herd und versuchte einhändig zu kochen. Claudia fand das jedes Mal sehr zum Lachen.

∞∞

9

Endlich waren die zwei Wochen um. Elisabeth und Claudia konnten ihre neue Wohnung beziehen, doch sie zogen mit nur zwei Koffern und einer kleinen Lampe um. Claudia richtete schon in Gedanken ihr Zimmer ein, doch an Neuanschaffungen war gar nicht zu denken, dafür reichte das Geld einfach nicht. Aber sie bekamen Hilfe aus der eigenen Familie. Elisabeth hatte eine etwas jüngere Schwester, die mit einem Facharzt für Gynäkologie verheiratet war. Sie gab den beiden einige ausgediente Möbel und so machten sie ihre Wohnung für den Anfang bewohnbar. Claudia ging weiterhin in Steglitz zur Schule, doch aufgrund der vielen Umzüge hatte sie sich nicht sonderlich auf die schulischen Dinge konzentrieren können und sie musste das Schuljahr wiederholen. Sie lernte viel und schnell, erreichte das Klassenziel und wurde in die sechste Klasse versetzt.

Nachdem sich Elisabeth und Claudia in der Wohnung eingelebt hatten, waren sie glücklich, sich endlich unbeschwert bewegen zu können. Niemand, der sie beobachtete, kein Wasser, das durch die Decke tropfte, und niemand, der sie tyrannisierte. Letzteres sollte sich ändern.

∞

10

Es kam ein Anruf von Elisabeths Freunden aus Frankfurt am Main, bei denen immer noch Elisabeths Sohn Jörg wohnte. Da sie schon länger wieder in Kontakt standen und die neue Wohnung groß genug für drei Personen war, baten sie Elisabeth, Jörg wieder nach Berlin zu holen. Er war inzwischen sechzehn Jahre alt und nicht länger gewillt, seine begonnene Lehre weiter auszuüben. Zudem machte er seiner Gastfamilie eine Menge Ärger. Natürlich holte Elisabeth ihren Sohn zurück nach Berlin, auch wenn ihre jetzige Idylle ein Ende hatte.

Jörg ähnelte immer mehr dem ungeliebten Vater. Er terrorisierte seine Schwester und seine Mutter, wo er nur konnte. Er lebte in den Tag hinein, ließ sich bedienen und brachte ungefragt Freunde mit nach Hause, mit denen er Alkoholorgien abhielt.

Elisabeth war völlig machtlos, aber ihr war klar, dass das Verhalten ihres Sohnes ein Ende haben musste. Doch er war noch nicht volljährig und sich dessen bewusst, dass ihn seine Mutter nicht aus der Wohnung werfen konnte.

Weitere zwei Jahre ertrugen Claudia und Elisabeth die Eskapaden von Jörg, dann hatte Elisabeth endgültig genug von ihrem Sohn. Nach einem erneuten Trinkgelage mit seinen Freunden kam er volltrunken nach Hause, suchte Streit und schlug seine Schwester.

Elisabeth nahm all ihren Mut und ihre Kraft zusammen und schmiss ihren Sohn aus der Wohnung. Obwohl Jörg erst siebzehn Jahre alt war, hatte sie kein schlechtes Gewissen, denn sie wusste, dass er genug Freunde hatte, bei denen er unterkommen konnte.

Zwar kehrte nun wieder Ruhe in die kleine Wohnung ein, doch Elisabeth litt unter der Trennung von ihrem Sohn. Einige Jahre sollte sie nichts von ihm hören.

∞∞

11

Claudia war inzwischen vierzehn Jahre alt, als eines Tages Elisabeths Schwester zu Besuch kam. Charlotte erzählte, dass sie mit ihrem Mann auf dem jährlich stattfindenden Ärzteball gewesen war und dort einen sehr bekannten Ballettmeister kennengelernt hatte. Charlotte hatte ihm vorgeschwärmt, was für eine gut gewachsene und talentierte Nichte sie hätte und dass sie unbedingt zu einem Vortanzen müsste. Elisabeth war das gar nicht recht, aber Claudia war sofort begeistert und von dem Gedanken nicht mehr abzubringen, eine große Ballerina zu werden.

Elisabeth gab dem Wunsch ihrer Schwester und ihrer Tochter schließlich nach und somit arrangierte Charlotte ein Treffen für wenige Tage später mit dem Ballettmeister. Claudia hörte genau zu, was der Meister zu sagen hatte. Auf sie würden schwierige Aufgaben zukommen, da sie mit vierzehn Jahren eigentlich schon zu alt war. In ihrem Alter war der Klassische Tanz nicht mehr so spielerisch zu erlernen, wie es noch im Kleinkindalter zwischen vier und fünf Jahren war. Es bedurfte harter Arbeit und Durchhaltevermögen. Doch darüber war sich Claudia im Klaren und für sie stand fest, sie würde eines Tages auf der Bühne stehen und eine große Ballerina sein.

Allerdings stand da noch die Schule im Weg. Als Claudia und ihre Mutter ein Gespräch mit dem Schuldirektor hatten, riet er ihr von ihrem Vorhaben ab und erklärte ihnen, dass der Klassische Tanz nur sehr wenigen auserwählten Personen vorbehalten sei, die es bis ganz nach oben schaffen würden. Auch Elisabeth war dieser

Meinung, doch Claudia war von ihrem Berufswunsch nicht abzubringen. Unterstützt von ihrer ehrgeizigen Tante, brach sie die Schule ab. Es war ein sehr großes Risiko, denn außer dass Claudia ein sportliches Kind war und Spaß an der Bewegung hatte, wusste sie nichts über den Klassischen Tanz. Sie hatte ja noch nicht einmal vorgetanzt. Gustav Blank – eben jener berühmte Ballettmeister – bestellte Claudia in sein Ballettstudio ein, damit sie sich ein Bild von dem machen konnte, was auf sie zukommen würde. Viel zu früh und wahnsinnig aufgeregt betrat sie das Studio. Die Tür zum Ballettsaal stand offen und etwas ängstlich ging sie auf sie zu. Beißender Schweißgeruch kam ihr entgegen, doch das störte Claudia nicht. Sie hatte nur Augen für die grazilen Tänzerinnen, die sich fast schwebend durch den Saal bewegten. Herr Blank bemerkte Claudia und zeigte ihr den Weg zur Umkleidekabine. Bekleidet mit einer Turnhose, einer Bluse und klobigen Turnschuhen betrat Claudia den Tanzsaal. Die dort anwesenden Mädchen begrüßten sie mit spöttischen Blicken und Claudia wäre am liebsten im Boden versunken. Doch ihr war klar, wenn sie etwas erreichen wollte, musste sie da jetzt durch. Also verhielt sie sich so selbstbewusst, wie es ihr möglich war. Sie ging wie alle anderen Mädchen an die Stange und versuchte die Schritte nachzumachen, die ihnen Herr Blank auf Französisch anwies. Claudia verstand kein Wort und kam aus dem Rhythmus. Um sich nicht noch lächerlicher zu machen, rannte sie aus dem Saal und versteckte sich in der Umkleidekabine. Dahin war es mit ihrem Selbstbewusstsein! Nach der Trainingsstunde fand Herr Blank Claudia in der Kabine. Er lachte und erklärte ihr, dass das die Meisterklasse war und es keinen Grund gab, die Flinte ins Korn zu werfen. Er überreichte Claudia eine Liste mit Dingen, die sie für die Ausbildung benötigte, drückte ihr einen Ausbildungsvertrag in die Hand und schickte sie nach Hause. Als sie dort ankam, erzählte sie ihrer Mutter von ihren Eindrücken. Und obwohl Elisabeth noch immer nicht hinter Claudias Entscheidung stand, kauften sie gemeinsam die benötigte Kleidung, die auf einer Liste stand.

∞

12

Im Frühjahr '54 begann das tägliche achtstündige Training. Nach einem viertel Jahr beherrschte Claudia die Sprache des Balletts und begann mit dem auf Spitze Tanzen. Es war eine Quälerei, denn ihre Füße schmerzten und blutige Zehen waren an der Tagesordnung. Doch daran hatte man sich zu gewöhnen, wenn man ganz nach oben wollte. Charlotte, die selbst nie Kinder gehabt hatte, mischte sich immer wieder in die Erziehung ihrer Nichte ein und bot Elisabeth an, die Kosten für die Tanzausbildung zu übernehmen. Dieses Angebot nahm Elisabeth gerne an, da es auf Dauer sehr schwierig für sie gewesen wäre, sie weiter zu finanzieren. Allerdings war sich Elisabeth auch im Klaren darüber, dass ihre Schwester nichts umsonst machte. Doch da sie Claudia diese Tanzkarriere eingeredet hatte, sollte sie sich auch verantwortlich zeigen und zahlen. Ein halbes Jahr lief alles nach Plan, aber plötzlich stellte Charlotte die monatliche Zahlung ein. Ein Schock für Elisabeth.

Charlotte nannte ihr, auch auf mehrmalige Nachfrage, vorerst keinen Grund. Elisabeth war nun in der Situation, die teure Ausbildung selbst finanzieren zu müssen, denn Claudia wollte auch nicht aufhören.

Elisabeth musste sich einen Nebenjob suchen und fand ihn: Sie arbeitete in den Abendstunden in einem amerikanischen Club. Durch das Kellnern kam sie nun spät nachts nach Hause und der Stress, dem sie ausgesetzt war, hinterließ seine Spuren. Sie war müde, blass und erste Anzeichen von Herzproblemen traten auf. Claudia wurde sich dessen bewusst und konnte nicht tatenlos zusehen, wie sehr sich ihre Mutter für sie aufopferte. Sie entschloss sich, ebenfalls eine Tätigkeit anzunehmen, um ihre Mutter zu entlasten.

Des Öfteren wurden in den Tanzschulen Mädchen für Tanz- und Musikfilme gesucht. Dort bewarb sich Claudia und sie bekam, für eine kleine Gage, die Möglichkeit in einigen Filmen mitzuwirken. Herr Blank hatte viel Verständnis für die schlechte finanzielle Situation der kleinen Familie, und da er sah, wie ehrgeizig Claudia beim Ballettunterricht trainierte, gab er ihr an den Drehtagen trainingsfrei. In Filmen wie „Peter schießt den Vogel ab", mit Peter Alexander, „Ein Mitternachtstraum" und „Musik, Musik" mit Caterina Valente durfte sie ihr tänzerisches Können zum Besten geben.

∞∞

13

Im Sommer '54 plante Claudias Tante Charlotte mit ihrem Mann eine sechswöchige Urlaubsreise. Sie wollten ihre Gynäkologie-Praxis, die einen Teil ihrer großen Wohnung in Berlin einnahm, nicht schließen, somit brauchten sie noch eine Vertretung als Sprechstundenhilfe, die nicht viel kosten durfte.

Charlottes Mutter hatte ein Zimmer in der Wohnung, doch sie war nicht gesund und es stand ihr eine Kur bevor; sie fiel aus der engeren Wahl also aus. Charlotte dachte als Nächstes an ihre Nichte, die inzwischen recht selbstbewusst und selbstständig agierte. Einen Vertretungsarzt hatten sie bereits gefunden. Es war ein junger Assistenzarzt, der im selben Krankenhaus arbeitete, in dem Claudias Onkel seine Belegbetten hatte. Da auch die Ballettschule Sommerferien hatte und Claudia glaubte, dies ihrer Tante wegen der Ballettausbildung schuldig zu sein, nahm sie den Job an. Charlotte, die üblicherweise die Sprechstundenhilfe ihres Mannes war, erklärte Claudia ihre Aufgaben. Karteikarten heraussuchen, das berühmte „der Nächste, bitte!" und ein ständiges Lächeln waren das Wichtigste. Ein Kinderspiel, dachte Claudia …

Eine Woche später trat Claudia ihren Dienst an. Sie bekam von dem Vertretungsarzt einen weißen Kittel und kam sich ab sofort sehr wichtig vor. Mit den Patienten kam sie sehr gut zurecht, hatte für jeden ein freundliches Wort und tröstete sie auch schon mal, wenn der Arzt eine ungewollte Schwangerschaft feststellte.

Eines Abends, die Sprechstunde war bereits beendet, fragte der Jungarzt Claudia, ob sie noch etwas länger bleiben könnte, da er noch eine Patientin erwarten würde. Claudia hatte nichts Besseres für diesen Abend geplant, und da sie ein wenig für ihn schwärmte, schlug sie seine Bitte nicht aus. Außerdem war sie neugierig, warum so spät noch jemand untersucht werden sollte.

Kurze Zeit später kam die Patientin und Claudia brachte sie direkt in den Behandlungsraum. Die Zeit verging, als sie plötzlich von dem Arzt in den Raum gerufen wurde. Wie vom Blitz getroffen blieb Claudia auf der Türschwelle stehen. Sie war geschockt von dem, was sie sah. Die Frau lag angeschnallt auf dem Untersuchungstisch und hatte eine Äthermaske auf ihrem Gesicht. Der Arzt hielt Claudia eine Flasche entgegen, aus der sie die Flüssigkeit in kleinen Tropfen auf die Maske träufeln sollte. Mit zitternden Händen nahm sie die Flasche und tat, was der Arzt ihr sagte. Die Patientin begann, von zehn an rückwärts zu zählen. Sie kam bis fünf, fiel in einen tiefen Schlaf und der Arzt begann mit seiner Arbeit. Claudia musste wegschauen, bis sie ein furchtbares Geräusch hörte und sich umdrehte. Als sie die Menge Blut sah, kämpfte sie mit der Übelkeit und ihr wurde bewusst, dass hier eine Abtreibung vorgenommen wurde.

Sie hatte plötzlich schreckliche Angst, denn sie wusste, dass eine Abtreibung illegal war und unter Strafe stand. Sie wollte nur noch weg, doch sie konnte sich nicht bewegen. Als der Arzt mit seiner Arbeit fertig war und Claudia eine Schale mit dem toten Embryo zum Entsorgen überreichte, fiel sie in Ohnmacht.

Es waren nur wenige Minuten vergangen, als Claudia wieder zu sich kam. Sie lag noch immer auf dem Fußboden des Behandlungsraumes. Der Arzt hatte kein sonderliches Mitleid mit ihr und forderte sie auf, den Fußboden vom Blut zu reinigen und er verabschiedete seine Patientin. Nachdem sich Claudia etwas erholt hatte und unter Ekel den Boden vom Blut gesäubert hatte, rannte sie aus dem Raum und wollte gehen. Der Arzt legte ihr einen 50-Mark-Schein auf den Empfangstisch und sagte ihr, dass es beim nächsten Mal viel leichter für sie werden würde. Claudia verstand nicht. Was für ein nächstes Mal? Für sie gab es kein nächstes Mal. Sie ließ das Geld liegen und verließ die Praxis. Doch solche Abende kamen nun öfter vor. Sie sah, wie der Arzt nach jedem Eingriff eine Menge Geld in sein Schreibtischfach legte. Claudia überlegte, ob sie ihn anzeigen sollte, doch dazu sollte es nicht kommen.

∞

14

An einem Abend kam eine weitere Patientin in die Praxis und das Ganze ging von vorne los. Verunsichert durch ihre eigenen Gedanken, war Claudia nervöser und unkonzentrierter als an den vergangenen Abenden. Der Arzt hatte alles vorbereitet und sie gab der Patientin die Narkose. Doch plötzlich rang sie nach Luft und erlitt einen Kreislaufkollaps. Der Arzt musste die Vorbereitungen sofort abbrechen, denn Claudia hatte der jungen Frau eine Überdosis Äther verabreicht. Er schob Claudia unsanft zur Seite und kümmerte sich um die jetzt wie tot daliegende Frau. Claudia war sich sicher, dass sie die Patientin umgebracht hatte. Nach etlichen Sekunden kam die junge Frau wieder zu sich und erholte sich recht schnell. Nachdem es ihr besser ging, machte sie mit dem Arzt einen neuen Termin für ihren Eingriff aus und verließ die Praxis. Der Arzt wandte sich nun Claudia zu, beschimpfte sie und sagte ihr, dass es besser wäre die Zusammenarbeit zu beenden. Das war Claudia sehr recht, denn sie wollte nur noch weg und mit der Sache nichts mehr zu tun haben. Doch bevor sie ging, machte er ihr klar, dass sie über das, was sie gesehen, gehört und selbst getan hatte, Stillschweigen bewahren müsse, denn sie habe sich mitschuldig gemacht. Das war zu viel für Claudia. Restlos eingeschüchtert verließ sie die Praxis. Sie wollte zu ihrer Großmutter in die angrenzende Wohnung, um mit jemandem zu reden, aber die war schon auf dem Weg in die Kur.

Claudia ging leicht verstört und traurig nach Hause. Dort angekommen, ging sie sofort auf ihr Zimmer. Sie schämte sich, an diesen Taten des Arztes teilgenommen zu haben, und wollte ihre Mutter mit solch einem Thema nicht belasten. Elisabeth bemerkte natürlich das sonderbare Verhalten ihre Tochter und ging dem nach. Claudia erklärte ihr nur, dass sie nicht mehr in die Praxis gehen würde, doch das war Elisabeth als Antwort zu wenig.

Nach mehrmaligem Nachfragen brach es aus Claudia heraus und sie berichtete, was sich in der Praxis zugetragen hatte. Elisabeth konnte es kaum glauben und war entsetzt über das skrupellose Handeln des Arztes und sein Verhalten ihrer Tochter gegenüber.

Sie überlegte, was zu tun war, um dem Arzt das Handwerk zu legen. Ihre Schwester anrufen, obwohl sie seit den eingestellten Zahlungen für Claudias Ballettunterricht kaum ein Wort miteinander gewechselt hatten? Vermutlich würde sie ihr nicht glauben.

Doch sie wollte auch ihre Tochter nicht in Schwierigkeiten bringen, somit konnte sie ihn nicht bei der Polizei anzeigen. Schließlich war eine Fünfzehnjährige ohne Ausbildung nicht befugt, in einer Arztpraxis Patienten zu narkotisieren und bei Schwangerschaftsabbrüchen zu assistieren. Das würde auch auf ihren Schwager und ihre Schwester zurückfallen und vor dieser Auseinandersetzung hatte Elisabeth große Angst. Sie entschied abzuwarten, ob eventuell durch einen Zufall etwas ans Tageslicht käme, wenn ihre Schwester aus dem Urlaub zurück war.

Als Charlotte und ihr Mann aus dem Urlaub zurückkamen, fanden sie eine fremde Sprechstundenhilfe in ihrer Praxis vor. Der Assistenzarzt erzählte, dass Claudia nach zwei Tagen nicht mehr erschienen sei und er sich hätte eine neue Hilfe suchen müssen. Diese Lüge ging ihm ganz leicht über die Lippen. Charlotte war außer sich und rief umgehend ihre Schwester an. Von Elisabeth erfuhr sie, was sich tatsächlich zugetragen hatte. Charlotte war geschockt, aber nicht in der Lage, ihrem Mann die Wahrheit zu sagen – zu große Stücke hielt er auf den jungen Arzt. Auch ließ sie Elisabeth in dem Glauben, mit ihrem Mann gesprochen zu haben. Somit blieb die Schuld an Claudia hängen, weil ihr Onkel annahm, dass sie sein Vertrauen und das ihrer Tante mutwillig missbraucht hatte. Von diesem Moment an sprach er kein Wort mehr mit seiner Nichte. Wenn er sie sah, behandelte er sie wie eine Fremde. Sein Haus durfte sie in seinem Beisein nicht mehr betreten. Wenn sie ihre Großmutter besuchen wollte, musste sie den Dienstboteneingang benutzen und sich in der Speisekammer verstecken, wenn er zum Mittagessen in die Küche kam.

Claudia konnte ihrer Tante diese Unehrlichkeit nie verzeihen. Doch sie waren sich einig, dass Elisabeth nicht erfahren sollte, dass Charlotte ihrem Mann nicht die Wahrheit über seinen Assistenzarzt erzählt hatte und Claudia nun als Sündenbock herhalten musste. Elisabeth hätte sich über diesen Umstand zu sehr aufgeregt. Die Zeit verging und die schrecklichen Erlebnisse rückten immer mehr in den Hintergrund. Claudia widmete sich weiterhin ihrer Ballettausbildung und war inzwischen in der Meisterklasse. Ein Jahr bis zur Prüfung lag noch vor ihr. Elisabeth hatte ihren Nebenjob aufgegeben, denn ihr Herz machte ihr schwer zu schaffen. Sie war erst 41 Jahre alt, aber die Geschehnisse in den vergangenen Jahren und der Familienzwist gingen nicht spurlos an ihr vorbei. Eines Morgens rief Charlotte an und teilte ihrer Schwester mit, dass ihre Mutter gestorben war. Obwohl sie die Diagnose Krebs erhalten und vor einem Dreivierteljahr noch zur Kur gefahren war, hatte niemand aus der Familie mit einem so schnellen Ableben gerechnet.

Einige Tage später, Elisabeth ging mit ihrer Tochter in die Kirche, um an dem Trauergottesdienst für ihre Mutter teilzunehmen, sah Claudia die Urne ihrer Großmutter auf dem Altar stehen. In Gedanken versunken, wie ein so großer Mensch wohl in so ein kleines Gefäß gelangen konnte, bemerkte sie nicht, wie ihr Onkel plötzlich vor ihr stand. Er sah sie mit kalten Augen an und machte ihr klar, dass sie hier nicht erwünscht sei. Von allen unbemerkt, ging Claudia aus der Kirche und machte sich traurig auf den Heimweg. Dabei dachte sie, was das für ein schreckliches Leben war mit der Verwandtschaft, aber aussuchen konnte man sie sich nicht. Und dass das Leben schön war, hatte ihr auch niemand versprochen.

Nachdem Elisabeth nach Hause kam und sehr erbost darüber war, dass Claudia sich von der Trauerfeier, ohne sich zu verabschieden, davongeschlichen hatte, bekam Claudia das Gefühl, dass auch ihre Mutter sich von ihr abgewandt hatte. Immerzu musste sie sich erklären, auch jetzt wieder. Sie erzählte ihr von dem

Aufeinandertreffen mit ihrem Onkel, doch Elisabeth konnte das Verhalten ihres Schwagers nicht nachvollziehen. Was ging da vor sich? Was hatte ihr Schwager für Beweggründe, so zu handeln?

Elisabeth rief ihren Schwager an und bat ihn um ein klärendes Gespräch, doch er wollte mit beiden keinen Kontakt mehr haben. Ab diesem Zeitpunkt ging man sich aus dem Weg und sie sprachen über Jahre mit ihm kein Wort mehr.

∞∞

15

An diesem Tag gab es aber doch noch eine gute Nachricht. Claudia bekam einen Brief von einer Künstleragentur, bei der sie eingeschrieben war. Sie teilten ihr mit, dass sie eine kleine Rolle in dem Theaterstück „Ninotchka" bekommen könnte. Die Rolle war mehr als klein und die Gage von fünf Mark pro Abendvorstellung war auch nicht gerade üppig, aber sie sagte zu.

Claudia konnte vor Aufregung kaum schlafen, obwohl die Proben erst in zwei Wochen begannen. Die Aufführungen fanden im Hebbeltheater statt und namhafte Schauspieler waren mit dabei.

Als sie an ihrem ersten Arbeitstag im Theater ankam, waren die Proben im vollen Gange. Sie erkannte unter den Darstellern Willi Rose, Ernst von Klippstein und Carlos Werner. Alles Schauspieler, die sie schon als Kind im Kino gesehen hatte. Claudia war beeindruckt von der Atmosphäre, die dort herrschte.

Sie wartete, bis die laufende Probe beendet war, und ging dann auf einen Mann zu, von dem sie annahm, er sei der Regisseur, da er in einem Stuhl, mit der Aufschrift „Regie" saß. Sie stellte sich ihm vor und er begrüßte sie so laut als das Mannequin Claudia Peterhansel, dass es alle im Theater mitbekamen. Claudia war dieser Empfang sehr peinlich und sie bekam regelrecht heiße Ohren. Eine junge Frau, die erst gar keine Notiz von ihr nahm, kam auf sie zu und sprach sie nochmals auf ihren seltenen Nachnamen an. Schnippisch wiederholte Claudia ihn. Die junge Frau teilte ihr mit, dass sie ja dann wohl Geschwister seien. Denn den Namen Peterhansel gäbe es zu dieser Zeit in Berlin nur einmal. Claudia verstand die Welt nicht mehr.

Annemarie, so hieß die junge Frau, erzählte Claudia, dass ihr gemeinsamer Vater vor der Ehe mit Elisabeth schon einmal verheiratet war und sie aus dieser Verbindung stammte. Claudia war sprachlos. Sie hatte plötzlich eine Halbschwester und dann noch so eine nette, nahm sie zumindest an. Die immer noch anwesenden Darsteller bekamen die Szene natürlich mit und fingen spontan an zu applaudieren. Es kam nicht alle Tage vor, auf diese Art und Weise einer Familienzusammenführung beiwohnen zu dürfen. Annemarie war Schauspielerin und hatte, im Gegensatz zu Claudia, eine größere Rolle. Nun wurde Claudia zur Probe aufgerufen. Sie sollte einmal über die Bühne gehen, sich drehen und „Modell Oktoberrevolution" sagen. Ohne Probleme meisterte sie ihren Auftritt. Doch sie war ein wenig enttäuscht, denn es hatte ihr Spaß bereitet und sie wollte mehr.

Nun war es so weit: Es war Premierentag und Claudia war furchtbar aufgeregt, aber Annemarie beruhigte sie und sprach ihr Mut zu. Einige Mitschülerinnen von Claudia, ihre Mutter und ihre Tante saßen im Publikum. Jetzt kam ihr Auftritt. In einem knallroten Abendkleid – „Modell Oktoberrevolution" – schritt sie über die Bühne, drehte sich und sagte laut und deutlich ihre zwei Worte. Was keiner für möglich gehalten hatte: Claudia bekam vom Publikum Szenenapplaus, sehr zum Leidwesen der Hauptdarstellerin. Sie war neidisch, dass Claudia für einen so simplen Satz beim Publikum so gut ankam, und ließ sie es mit einem verachtenden Blick spüren.

Das Stück lief so gut, dass es verlängert wurde. In dieser Zeit erkrankte Annemarie und fiel für drei Wochen aus. Es musste schnellstens Ersatz her. Claudia, die in den vergangenen Tagen ein wenig Bühnenerfahrung sammeln hatte können, fragte den Regisseur, ob sie nicht die Rolle übernehmen könnte. Er fand die Idee gar nicht so schlecht und gab Claudia die Chance, die Rolle einzustudieren. Viel Zeit blieb nicht, daher lernte Claudia die ganze Nacht, um ihren nun umfangreicheren Auftritt zu bewältigen. Am nächsten Abend sprang Claudia mit viel Lampenfieber für ihre Halbschwester ein und spielte ihren Part so gut sie konnte. Willi Rose gratulierte Claudia zu ihrem Debüt und gab ihr noch einige Tipps, wie sie noch lauter sprechen konnte, ansonsten fand er ihren Auftritt sehr überzeugend. Claudia war glücklich über solch ein Lob.

Das Verhältnis zwischen den beiden Schwestern litt ein wenig unter dem Neid Annemaries, denn sie bekam mit, wie gut Claudia sie in ihrer Abwesenheit vertrat. Plötzlich hatte sie Angst, in ihrer kleinen Schwester eine Konkurrentin für ihre Rolle zu haben. Doch nachdem Annemarie nach überstandener Krankheit zum Ensemble zurückgekehrt war, bekam sie ihre Rolle wieder und Claudia musste nun erneut ihre zwei Worte zum Besten geben. Traurigkeit machte sich bei ihr breit, doch Willi Rose tröstete sie. Er war überzeugt davon, dass sie ihren Weg in dieser Branche gehen würde, wenn sie es nur wollte. Er mochte Claudia und nannte sie nur Micky Maus, da sie immer in schwarzen Strümpfen und weißen Schuhen herumlief.

Als die Spielzeit beendet war, gab es eine große Abschiedsparty in einer Berliner Künstlerklause. Annemarie und Claudia versprachen sich, sich nicht wieder aus den Augen verlieren zu wollen. Doch es sollte anders kommen.

∞∞

16

Monate hörten die beiden Schwestern nichts voneinander. Bis eines Tages Annemarie bei Claudia anrief und sie zum Essen in ein sehr teures Restaurant einlud. In Begleitung ihres Freundes Robert. Im Laufe des Abends bemerkte Annemarie, dass sie mehr und mehr von den Gesprächen ausgeschlossen wurde. Claudia und Robert verstanden sich gleich sehr gut und bemerkten diesen Umstand gar nicht. Annemarie war es nicht entgangen, dass Roberts Augen leuchteten, wenn er Claudia anschaute. Bald hatte er nur noch Augen für Claudia und Annemarie drängte zum Aufbruch. Sie bekam das Gefühl, ihre Beziehung könnte gefährdet sein, und verabschiedete sich recht kühl von Claudia. Die hörte nie wieder etwas von Annemarie.

Die Monate vergingen und Claudia vermisste ihre neu gewonnene und doch wieder verlorene Schwester sehr. Um auf andere Gedanken zu kommen, stürzte sie sich noch intensiver in die Vorbereitungen für die Abschlussprüfung zur klassischen Tänzerin, die Ende des Jahres stattfand.

Das Jahr verging schnell und Claudia, inzwischen siebzehn Jahre alt, stand vor ihrer Prüfung. Als sie im Studio ankam, war das Prüfungskomitee bereits versammelt. Sieben Stühle waren im Ballettsaal aufgestellt, die namhaftesten Ballettmeister hatten ihre Plätze eingenommen und warteten auf die zukünftigen Tänzerinnen. Claudia zweifelte an sich und daran, es schaffen zu können, denn das Lampenfieber ergriff völligen Besitz von ihr. Sie ging in den Umkleideraum und zog sich um. Sie hatte sich für diesen Anlass neue Ballettschuhe gekauft, aber versäumt, sie rechtzeitig einzutragen. Sie merkte sehr schnell, dass sie mit diesen Schuhen nur sehr beschwerlich auf die Spitze kam. Gisela Deege, eine Solotänzerin an der Deutschen Oper Berlin, die beim Training im Studio anwesend war, beobachtete Claudia, wie sie sich abmühte. Sie ging auf Claudia zu und sagte ihr, dass sie die Prüfung mit den neuen Schuhen nicht schaffen würde. Claudia war völlig entmutigt und wusste nicht, was sie nun tun sollte.

Die erfahrene Tänzerin bot Claudia ihre Schuhe an und versprach ihr, dass sie wie von selbst mit ihnen tanzen würde. Und wenn sie ihre Sache gut machte, könnte sie die Schuhe behalten. Es war für Claudia eine große Ehre, die Ballettschuhe dieser bekannten Solistin tragen zu dürfen.

Sie war überglücklich. Sie zog die Schuhe an und hatte das Gefühl zu schweben. Doch sie hatte nicht genug Zeit, um sich weitere Gedanken zu machen, denn schon wurde ihr Name aufgerufen. Sie bedankte sich bei Frau Deege und lief los.

Claudia betrat den Ballettsaal und begann sich einzutanzen. Und tatsächlich, alles ging wie von selbst. Als das Startsignal durch die Jury gegeben wurde, tanzte sie wie noch nie in ihrem Leben. Sie hörte nur die Anweisungen von Herrn Blank, alles andere um sie herum verschwamm. Als die Prüfung beendet war, erwachte sie wie aus einem Traum.

Claudia ging zurück in den Umkleideraum, wo sie schon von den anderen Tänzerinnen mit Spannung erwartet wurde. Sie fragten sie, wie es ihr ergangen war, und Claudia hatte ein gutes Gefühl, aber jetzt hieß es abwarten.

Nachdem alle Elevinnen geprüft waren, wurde jede Einzelne aufgerufen und bekam ihr Resultat. Als Claudia aufgerufen wurde und den Saal betrat, blickte sie in ein lächelndes Gesicht von Gustav Blank und wusste, sie hatte bestanden. „Es waren die Schuhe", dachte Claudia und nahm mit zitternden Händen und überglücklich ihr Zeugnis und die guten Wünsche für die Zukunft entgegen.

Von nun an ging Claudia jede Woche zum Arbeitsamt, doch es war kein passendes Arrangement für sie dabei. Wie sollte es jetzt bloß weitergehen? In dieser Situation war sie sehr labil und vertrauensselig und im Begriff, einen großen Fehler zu begehen.

∞∞

17

In der Nähe des Arbeitsamtes war ein kleines Bistro, in dem sich die Tänzerinnen trafen, die bisher keinen Job gefunden hatten, um ihre Situation und weitere Möglichkeiten zu besprechen. An einem Tisch saß ihnen eines Tages eine Frau gegenüber, die die Mädchen beobachtete und ihren Gesprächen zuhörte.

Claudia bemerkte die Frau erst gar nicht, bis sie plötzlich vor ihr stand und sie ansprach. Die Unbekannte fragte, ob sie sich mit an ihren Tisch setzen könnte, und Claudia hatte nichts dagegen. Sie stellte sich als Agentin vor, die Tänzerinnen in den Libanon vermittelte, und machte Claudia ein direktes Angebot. Ein halbes Jahr als Tänzerin bei gutem Gehalt und freier Unterkunft. Das stellte Claudia sich sehr spannend vor. Doch die anderen Mädchen, die an einem anderen Tisch saßen, machten Claudia Zeichen, sich nicht auf dieses Angebot einzulassen. Sie hatten schon öfter von dubiosen Vermittlungen dieser Art gehört. Aber Claudia ließ sich die Visitenkarte der Frau geben und bat um Bedenkzeit. Sie war hin- und hergerissen. Sie reizten der Gedanke, an viel Geld zu kommen, und das Abenteuer, in einem anderen Land zu leben. Als Claudia ihrer Mutter von der Begegnung mit der unbekannten Frau erzählte, war Elisabeth entsetzt und riet ihrer Tochter mit aller Entschiedenheit von solch einem Vorhaben ab. Elisabeth sollte recht behalten.

Einige Tage später war in einer Zeitung zu lesen, dass diese Frau von der Polizei festgenommen worden war. Zwar war sie eine Agentin, die Tänzerinnen suchte und anwarb, doch diese bekamen kein Arrangement im Theater, sondern wurden in den Orient verschleppt und als tanzende Dienerinnen verkauft. Vom großen Geld sahen die jungen Mädchen nichts. Claudia war froh, diesmal auf ihre Mutter gehört zu haben. Sie hatte es sich leichter vorgestellt, als Tänzerin engagiert zu werden. Sie ging immer noch dreimal die Woche zum Tanztraining und ohne eigenes Einkommen konnte sie die teuren Stunden nicht länger bezahlen.

Eines Morgens saß Claudia beim Frühstück und blätterte lustlos in der Tageszeitung, dabei fiel ihr eine Annonce auf. Ein renommierter Zirkus suchte Tänzerinnen. Zirkus war nicht gerade das, was sich Claudia vorstellte, aber im Moment konnte sie nicht wählerisch sein und außerdem lockte sie immer noch die Abenteuerlust. Claudia rief in der Zirkusagentur an und bat um einen Vorstellungstermin. Als sie sich einige Tage später beim Zirkus präsentierte, war sie überrascht, drei ihrer ehemaligen Mitschülerinnen aus der Ballettschule dort anzutreffen.

Denen ging es genau wie ihr: viele Bewerbungen, aber kein Arrangement.

Claudia überflog den Vertrag, der für eine Dauer von drei Monaten abgeschlossen werden sollte, ohne das Kleingedruckte zu lesen, und unterschrieb. Elisabeth war nicht begeistert von Claudias Entschluss, denn sie konnte sich vorstellen, wie hart es mitunter dort zuging. Aber sie ließ sie ziehen.

∞

18

Die Tournee sollte in Mestre, einer kleinen Industriestadt in Italien, beginnen. Dort angekommen, wurden sie vom Zirkuspersonal herzlich willkommen geheißen. Ihnen wurde ein schönes Zimmer in einem Hotel zugewiesen. Claudia teilte sich ein Zimmer mit einer netten Kollegin und alles schien bestens organisiert.

Am nächsten Morgen begannen die Proben und sie froren bei kühlem Frühlingswetter in der Manege um die Wette. Sie hatten nur noch drei Tage Zeit bis zur Premiere und so probten sie fast den ganzen Tag.

Zehn Tage blieben sie in Mestre, dann zog der Zirkus weiter nach Österreich. Was den Mädchen allerdings sehr komisch vorkam: Sie alle bekamen Fahrkarten und reisten unabhängig vom restlichen Zirkusensemble mit dem Zug zum neuen Spielort. Warum das so gehandhabt wurde, trauten sie sich allerdings nicht zu fragen. Als sie nach der langen Fahrt endlich in Voelklabruch ankamen, war es Mitternacht und sie freuten sich auf eine heiße Dusche und ein warmes Bett. Doch daraus wurde nichts, denn niemand war am Bahnhof, um sie abzuholen, und es waren auch keine Hotelzimmer reserviert. Es war ihnen auch nicht möglich, mitten in der Nacht, den Zirkus ausfindig zu machen. So mussten sie müde und hungrig den Rest der Nacht im Bahnhof verbringen.

Am nächsten Morgen fragten sich Claudia und ihre Kolleginnen zum Standort des Zirkus durch, und als sie ankamen, beschwerten sie sich bei der Direktion. Völlig unbeeindruckt sagte der Direktor, dass es selbstverständlich sei, sich um die eigene Verpflegung und seine Bleibe zu kümmern. Claudia war außer sich vor Wut, holte ihren Vertrag heraus und hielt ihn dem Direktor vor die Augen. Doch grinsend verwies er auf das Kleingedruckte, das keines der Mädchen in seiner ersten Euphorie gelesen hatte.

Dort stand, dass sich jedes Mitglied des Teams auf eigene Rechnung eine Unterkunft besorgen müsse. Damit nicht genug, mussten sie auch noch beim Auf- und Abbauen des Hauptzeltes helfen, Programmhefte verkaufen und mit einem Schild in der Hand die nächste Nummer ankündigen. Es war eine Pleite auf der ganzen Linie. Sie wurden also nicht nur als Tänzerinnen engagiert, sondern als Mädchen für alles. Aber Claudia brauchte das Geld dringend und war fest entschlossen, die drei Monate durchzuhalten. Wenn der Zirkus in einer neuen Stadt eintraf, suchten sich die Mädchen direkt eine Unterkunft, was sich meistens als recht schwierig erwies. Ein Hotel konnten sie sich nicht leisten und private Zimmer waren rar. Außerdem waren die Menschen Zirkusleuten gegenüber misstrauisch. Aber irgendwie fanden sie immer eine Unterkunft, wenn auch oft unter schlechten Bedingungen. Des Öfteren erschienen sie ohne Frühstück und unausgeschlafen zu den Proben.

Inzwischen waren sie schon sechs Wochen unterwegs und die Tour führte sie weiter durch Österreich. Als sie an dem nächsten Gastspielort ankamen, regnete es in Strömen und die Mädchen mussten, mit Gummistiefeln ausgestattet, mithelfen das Zelt aufzubauen. Claudia war gerade damit beschäftigt, die Kissen der Sessel für die ersten drei Reihen aufzuschütteln, da hörte sie einen schrecklichen Schrei. Der Dompteur der Tigernummer lag im Käfig, über ihm ein sehr aggressiver Tiger. Einer der herbeigeeilten Männer brachte ein Gewehr mit und streckte das Tier mit einem gezielten Schuss nieder. Anschließend wurde der Dompteur schwer verletzt ins Krankenhaus gebracht.

Bei der späteren Untersuchung des Vorfalls stellte sich heraus, dass die Freundin des Dompteurs aus Eifersucht auf eine andere Frau Pfeffer in das Gehege der Tiger gestreut hatte, sodass die Tiere aggressiv und angriffslustig wurden. Doch mit diesem Ausgang hatte sie nicht gerechnet.

Claudia war das alles zu viel. Sie packte ihre Sachen, verließ den Zirkus und fuhr zurück nach Berlin. Vertragliche Konsequenzen waren ihr in diesem Moment völlig egal. Sie hatte für ihre harte Arbeit nur einen geringen Vorschuss erhalten, doch auf den Rest musste sie verzichten, da sie den Vertrag nicht erfüllte. Elisabeth war froh, als ihre Tochter wieder wohlbehalten zu Hause ankam, denn aus den wenigen Ansichtskarten hatte sie entnehmen können, dass es Claudia nicht gut ergangen war. Vom Zirkusdirektor hörte Claudia nichts mehr. Sie nahm an, dass er froh war, sie los zu sein, denn für eine Rebellin war kein Platz in einem Zirkus.

19

Gustav Blank hatte inzwischen sein Studio verkauft und ging in den Ruhestand. Ein Solotänzer der Deutschen Oper Berlin übernahm die Schule. Nun wehte ein ganz anderer Wind und die Tanzstunden wurden erheblich teurer, sodass Claudia nur noch einmal die Woche trainieren konnte. Allerdings gefiel ihr das Training nicht mehr so gut, wie bei ihrem ehemaligen Lehrer.

Als Claudia nach einer Trainingsstunde im Umkleideraum saß, kam eine Schülerin auf sie zu und fragte sie, ob sie nicht Lust hätte, an der jährlichen Wahl zur Miss Berlin teilzunehmen. Claudia winkte direkt ab, weil sie sich bei der großen Anzahl an Bewerberinnen keine Chancen ausrechnete weit zu kommen. Doch im Geheimen ließ sie der Gedanke nicht mehr los, an dieser

Wahl teilzunehmen, denn der erste Preis war eine Filmrolle. Also versuchte sie doch ihr Glück und meldete sich an.

Um die zweihundert junge Frauen hatten sich beworben, doch nur zehn kamen in die engere Auswahl, um den Titel unter sich auszumachen. Claudia war dabei. Als der Brief zu Hause ankam, in dem ihr mitgeteilt wurde, dass sie eine der zehn Kandidatinnen sei, lief sie jubelnd durch die Wohnung. Die Wahl sollte im Prälat Schöneberg stattfinden und die Vorbereitungen liefen auf vollen Touren. Jeden Tag waren drei Kandidatinnen in einer Berliner Tageszeitung abgebildet und die Leser sollten entscheiden, welche von ihnen die Schönste war. Die Zeitungen schrieben, dass keine Wuchtbrumme dabei war, aber alle Mädchen sehr hübsch waren und sich durchaus sehen lassen konnten. Die jungen Frauen wurden vom Veranstalter ausgestattet und Claudia bekam für das Finale ein Kleid, das ihr überhaupt nicht gefiel. Sie war achtzehn Jahre alt und der Meinung, dass ein lilafarbenes Kleid und lilafarbene Schuhe, nicht zu ihrem Typ passten. Zudem waren die Schuhe unbequem und so hoch im Absatz, dass sie das Gefühl bekam, vornüberzukippen. Doch es war nichts anderes für sie vorhanden. Am Abend der Veranstaltung zeigten sich die Mädchen dem Publikum extrem zurechtgemacht und siegessicher. Claudia war eher nervös und aufgeregt. Dann kam ihr Soloauftritt. Sie wurde von einem Conférencier auf der Bühne begrüßt, der ihr einige Fragen stellte. Unter anderem, wie sie einen Präsidenten nennen würde, wenn sie ihn privat kennen würde. Sie fand diese Frage äußerst dumm und antwortete, dass sie ihn Paul nennen würde, wenn er denn so hieße. Claudia hatte die Lacher auf ihrer Seite. Doch nachdem am nächsten Tag in der Zeitung stand: „Claudia sagt zum Präsidenten Paule", fand sie es einfach unmöglich und fühlte sich nicht ernst genommen.

Als Nächstes kam der Durchgang im Badeanzug. Claudia machte eine sehr gute Figur und bekam reichlich Beifall. Danach stand schon das Finale an und Claudia sollte, in diesem lilafarbenen Kleid und den lilafarbenen Schuhen, den Laufsteg auf und ab gehen. Die Füße taten ihr weh, trotzdem musste sie eine Drehung machen. Diese war so schwungvoll, dass sie das Gleichgewicht verlor und fast in den Armen von Geza von Chiffra landete, einem bekannten Filmregisseur, der zur Jury gehörte. Das Publikum dachte an einen Werbegag und buhte sie aus. Claudia hatte keine Hoffnung mehr, den Titel zu gewinnen, und war maßlos enttäuscht. Der Mann, der die Veranstaltung leitete, sprach sie an und machte ihr nach diesem kleinen Fauxpas ein eindeutig zweideutiges Angebot, das sie dem Titel wieder näher bringen könnte. Doch sie lehnte dankend ab, denn das war nicht ihre Vorstellung von einem ehrlichen Sieg.

Die besten fünf Kandidatinnen wurden aufgerufen und ausgezeichnet und Claudia erreichte den fünften Platz. Sie ging auf die Bühne und nahm ihren Preis, einen Regenschirm und eine Urkunde, lächelnd entgegen. Doch ihr war zum Weinen zumute. Denn sie war sich sicher, in einem anderen Outfit und ohne Sturz hätte sie Siegchancen gehabt. Es schien ihr, als würde alles, was sie anfing, schiefgehen. Sie wollte die Veranstaltung verlassen, als sie an den Tisch von Geza von Chiffra gebeten wurde. Der Regisseur war begeistert von ihr und ihrem Auftritt und lud sie für den nächsten Tag in die CCC-Studios zu Probeaufnahmen ein. An dem Tisch saß auch ein Reporter von der dpa, der sie mit unverhohlenem Blick musterte. Geza von Chiffra lud sie noch für den Abend zu einer kleinen Feier ein. Die Feier ging die gesamte Nacht, und als Claudia am nächsten Morgen aufwachte, lag sie nicht in ihrem Bett, sondern in dem des Reporters, den sie am Vorabend kennengelernt hatte.

Auf diese Weise hatte sie nicht nur ihre Unschuld verloren, sondern auch den Termin für die Probeaufnahmen verpasst. Sie hatte eine große Chance ausgelassen, doch noch zu einer Filmrolle zu kommen, und alles nur wegen einer Party und einem Schäferstündchen. Da Claudia schnell herausfand, dass der Reporter ein Mann war, der an jedem Finger seiner Hand eine Frau hatte, beendete sie ihr Verhältnis mit ihm nach kurzer Zeit.

∞∞

20

An einem Sonntagmorgen saßen Elisabeth und Claudia beim Frühstück, als es an der Tür klingelte. Überrascht schauten sich die beiden Frauen an, da keine von ihnen jemanden erwartete. Claudia öffnete die Tür und vor ihr stand ihr Bruder. Sie überlegte kurz, ob sie ihm die Tür vor der Nase wieder zumachen sollte, doch er stand mehr als verlegen da, mit einem Blumenstrauß in der Hand, und bat eintreten zu dürfen. Jörg war gut gekleidet und machte insgesamt einen freundlichen Eindruck. Claudia ließ ihn ein. Elisabeth, die die Stimme ihres Sohnes sofort erkannte, kam in den Flur gelaufen. Und da standen sie nun. Nach vier Jahren und vielen Querelen wussten sie alle drei nicht, was sie sagen sollten. Zaghaft streckte Jörg seiner Mutter die Blumen entgegen. Elisabeth war sehr gerührt und Freudentränen liefen ihr über die Wangen. Sie nahm ihren Sohn in die Arme und das Eis war gebrochen. Claudia beendete die rührselige Szene und bat beide ins Wohnzimmer.

Er erzählte, dass er in der Nähe eine Wohnung hatte und seit einem Jahr bei einer Versicherung arbeitete, dass er eine Freundin hatte, die er bald heiraten wollte. Elisabeth war sehr beeindruckt von ihrem Sohn und die schlechten Zeiten mit ihm waren schon fast vergessen. Beide Frauen hatten den Eindruck, dass er sich zum Positiven verändert hatte, doch insgeheim dachten beide: „Hoffentlich werden wir nicht wieder von ihm enttäuscht."

Als sie sich verabschiedeten, versprach Jörg, das nächste Mal mit seiner Verlobten zu kommen. Elisabeth blühte bei dem Gedanken regelrecht auf, endlich wieder eine richtige Familie zu haben.

Einige Tage später lernten sie Jörgs Verlobte Christa kennen und Elisabeth merkte gleich, dass sie einen guten Einfluss auf ihren Sohn hatte. Sie war sehr nett, höflich und zuvorkommend, machte einen intelligenten Eindruck und war sehr hübsch. Claudia und ihre Mutter waren von ihr sehr beeindruckt.

Einige Wochen später wurde die Hochzeit im engsten Familienkreis gefeiert. Es folgten regelmäßig gegenseitige Besuche. Elisabeth und Claudia fühlten sich von ihrem ersten Eindruck bestätigt, dass sich Jörg positiv verändert hatte. Es war eine schöne Zeit.

Bei Claudia lief es inzwischen beruflich wieder besser. Sie bekam eine Komparsenrolle in dem Shakespearestück „Maß für Maß". Am ersten Drehtag, der morgens begann, bekamen die Komparsen historische Kostüme, danach mussten sie, wie auch an den folgenden Tagen, bis spät in den Nachmittag auf ihren Einsatz warten. Es war an diesen Tagen sehr heiß, sodass alle Komparsen in ihren schweren Kostümen anfingen zu schwitzen. Daraufhin bekam jeder einen Fächer, um sich ein wenig zu kühlen. Als Claudias Einsatz kam, fächerte sie sich während der Aufnahme weiterhin kühle Luft zu. Plötzlich schrie jemand durch das gesamte Studio, welcher Idiot während der Aufnahme fächerte … Es war der Regisseur, der schrie. Claudia war sofort klar, dass sie gemeint war, und machte einige Schritte rückwärts, um sich hinter ihren Kollegen zu verstecken. Sie hatte sie Szene geschmissen, denn der Fächer zauberte im Licht einen zu großen Schatten auf den Monitor, den der Regisseur beobachtete. Die Szene musste wiederholt werden und die Komparsen mussten länger auf ihren Einsatz warten. Zum Glück verlief der Rest des Tages ohne weitere Zwischenfälle und Claudia konnte ihre Rolle problemlos zu Ende spielen.

Einige Tage später bekam sie ein tolles Angebot von einer Werbeagentur. Es wurde ein Werbefilm für Ergee-Strümpfe gedreht, in dem Claudia die Hauptrolle spielen sollte. Sie sagte sofort zu. Der erste Einsatzort war in einem Studio, in dem eine Sitzbadewanne mit viel Schaum stand. Sie sollte in die Wanne steigen, über die eine Leine gespannt war, an der die Strümpfe hingen. 1957 war es nicht üblich, sich „oben ohne" zu zeigen, daher war es für Claudia eine sehr schamvolle Situation. Sie hatte Spaß an ihrer Arbeit, aber um sie herum standen Beleuchter, Kameramänner, Regisseure, vor denen sie fast nackt in die Wanne steigen musste. Sie spürte jeden Blick auf ihrem Körper und sie hatte das Gefühl, in einem tiefen Loch zu versinken. Als der Spot abgedreht war, bekam sie eintausend Mark Gage und in diesem Moment war alles Unangenehme vergessen.

Der Werbefilm lief lange als Vorspann in den Kinos und Claudia schaute ihn sich bestimmt einhundert Mal an. Doch in der Zwischenzeit bekam sie mit, dass man in dieser Branche mehr verdienen konnte als tausend Mark und sie sich unter Wert „verkauft" hatte. Sie nahm sich von nun an vor, Verträge komplett zu lesen und besonders das Kleingedruckte zu beachten.

Sie bekam weitere Angebote und nach dem nächsten Werbefilm gab eine Bekannte eine Party, zu der sie eingeladen wurde. Dort lernte sie einen jungen Mann kennen, der angehender Kameramann war. Die beiden verstanden sich vom ersten Moment an so gut, dass schon nach wenigen Verabredungen bei Claudia das „Für-immer-Gefühl" aufkam.

Er hieß Achim und wohnte in Zehlendorf noch bei seinen Eltern. Claudia ging schon bald bei ihnen ein und aus und Achims Eltern sahen in Claudia ihre zukünftige Schwiegertochter, nachdem die beiden ein Jahr unzertrennlich waren. Doch dann bekam Achim ein berufliches Angebot aus München, das er nicht ausschlagen konnte, wenn er Karriere machen wollte. Einige Wochen später verließ er auf unbestimmte Zeit Berlin, doch die beiden versprachen sich, regelmäßig zu schreiben, zu telefonieren und sich auch zu besuchen. In den ersten Wochen ihrer Trennung hielten sie sich an ihre Versprechen, doch nach einem halben Jahr blieben Achims Anrufe aus. Auch bekam Claudia keine Antwort mehr auf ihre Briefe. Sie war sehr enttäuscht und verletzt. Ihre Beziehung zerbrach.

Claudia schwor sich, nie wieder so starke Gefühle für einen Mann zu entwickeln, um nicht wieder enttäuscht zu werden und Gefahr zu laufen, ihre Liebe an einen Job zu verlieren.

Elisabeth war seit einiger Zeit bestens gelaunt und lief immer öfter singend durch die Wohnung. Die Kleiderfrage wurde für sie so wichtig, dass sie ihre Tochter des Öfteren bat sie zu beraten. Für Claudia war es eine ganz neue Seite, die sie an ihrer Mutter feststellte, und sie konnte diesen Wandel nicht zuordnen. Sie wurde neugierig und hätte zu gern gewusst, warum Elisabeth plötzlich so glücklich und vor allem so eitel war. Versuche, ihre Mutter auf die Gründe für ihr ungewohntes Verhalten anzusprechen, blockte Elisabeth stets ab. Sie wich Claudia jedes Mal aus und erfand immer neue Geschichten. Sie wollte einfach nichts sagen, doch Claudia blieb hartnäckig, und so gab Elisabeth endlich nach. Sie erzählte ihrer Tochter, dass sie im Konsulat einen Mann namens Barney kennengelernt hatte, der für drei Jahre als Soldat in Berlin stationiert war. Nach den strapaziösen letzten Jahren fühlte sich Elisabeth zum ersten Mal wieder als Frau.

Sie fing an zu leben, anstatt von einer Krise in die nächste zu stolpern. Claudia war zwanzig Jahre alt, und auch wenn sie noch zusammen unter einem Dach wohnten – um sie musste sich Elisabeth nicht mehr kümmern. Sie wollte jetzt endlich Zeit für sich haben und für ihre neue Liebe.

∞∞

21

Die Rendezvous zwischen Elisabeth und Barney fanden zuerst in verschiedenen Restaurants statt. Doch auf Dauer war das kein Zustand. Außerdem wollte Claudia endlich wissen, wer der Mann war, der es geschafft hatte, ihre Mutter so glücklich aussehen zu lassen. Das bevorstehende Weihnachtsfest war die Gelegenheit, einander kennenzulernen.

Die wie jedes Jahr hektische Vorweihnachtszeit wurde genutzt, um alles liebevoll vorzubereiten. Der Baum war geschmückt, die Kerzen brannten und im Hintergrund lief Weihnachtsmusik aus dem Radio. Pünktlich um achtzehn Uhr am 24. 12. 1959 klingelte es an der Haustür. Da Elisabeth noch im Badezimmer vor dem Spiegel stand, bat sie ihre Tochter dem Besuch zu öffnen. Claudia war sehr aufgeregt, als sie zur Tür ging, um im nächsten Moment sehr erschrocken zu sein. Vor ihr standen zwei junge, farbige Männer. Der eine in Uniform und blendend aussehend, der andere in Zivil wirkte etwas unscheinbarer und schüchtern.

So standen sie, vollbepackt mit Geschenken, da. Mit einem breiten Grinsen streckte der Uniformierte ihr seine Hand entgegen und stellte sich mit den Worten vor: „I am Barney and this is my friend Dan." Immer noch irritiert stammelte Claudia: „Hello, ich Claudia."

Jetzt war ihr klar, warum ihre Mutter nie viel über Barney erzählte. Elisabeth war sich wohl nicht sicher, wie Claudia auf einen farbigen Amerikaner reagieren würde. Noch leicht verdattert ließ sie die beiden Männer herein und rief nach ihrer Mutter. Elisabeth begrüßte Barney und Dan auf Englisch und stellte ihnen ihre Tochter vor. Nach der offiziellen Begrüßung führte sie die beiden ins Wohnzimmer und verschwand danach kurz mit ihrer Tochter in der Küche, um sich um die Gans zu kümmern. Claudia sagte ihrer Mutter verwundert, dass die Männer ja schwarz seien und sie ihr das nicht erzählt hatte. Elisabeth antwortete ihr, dass ihr das gar nicht mehr aufgefallen sei. Sie arbeitete in einem amerikanischen Konsulat und dort waren schließlich viele farbige Menschen beschäftigt. Außerdem bewertete Elisabeth Menschen nicht nach ihrem Aussehen oder ihrer Hautfarbe, sondern nach ihrem Charakter. Claudia war sehr stolz auf den Standpunkt ihrer Mutter und hätte nicht gedacht, dass sie diesen Dingen gegenüber so aufgeschlossen war.

Als die Gans fertig war, versammelten sich die vier am Tisch zum Essen und Barney und Elisabeth unterhielten sich angeregt. Obwohl Claudia kein Wort Englisch sprach oder verstand, war für sie klar zu erkennen, dass die beiden sich mochten, und auch optisch waren die zwei ein schönes Paar. Claudia unterhielt sich mit Dan, der gut Deutsch sprach, da seine Mutter aus Deutschland stammte. Er versprach, ihr Englischunterricht zu geben, worüber sich Claudia sehr freute.

Nach dem Essen gab es eine kleine Bescherung, wobei der rohe Truthahn, den Barney mitgebracht hatte, für den größten Lacher des Abends sorgte. Es wurde nach vielen Jahren endlich wieder ein schönes Weihnachtsfest gefeiert.

Von nun an kamen die beiden Amerikaner öfter zu ihnen und Barney blieb auch schon mal über Nacht. Das war ein gefundenes

Fressen für die Nachbarn und ihren Treppenhausklatsch. Doch nach kurzer Zeit hörte das Gerede auf, weil Barney und Dan allen Nachbarn gegenüber sehr freundlich waren. Eines Nachmittags kam Barney ohne Dan zu Besuch. Er wollte zu Elisabeth, doch sie war noch nicht aus dem Konsulat zurück. So warteten Claudia und Barney gemeinsam auf sie. Claudia war nicht so begeistert, dass Dan nicht mitgekommen war. Zwar konnte sie sich nach den wenigen Monaten Englischunterricht mit Barney schon recht gut verständigen, traute sich aber keine längere Unterhaltung zu. Außerdem behandelte Barney sie stets distanziert, was es ihr zusätzlich erschwerte, ein Gespräch in Gang zu bringen. Er blätterte verlegen in seinem Sportmagazin, als Claudia ihn auf ihre Mutter ansprach. Er blickte auf. Sie fragte ihn, ob er es denn ernst mit Elisabeth meinte und ihm der Altersunterschied von immerhin einundzwanzig Jahren nichts ausmachen würde. Er erklärte ihr, dass er Elisabeth wirklich mochte und die „paar Jahre" für ihn nicht von Bedeutung waren. Außerdem fügte er noch hinzu, dass er mit Frauen in seinem Alter, er war dreiundzwanzig, nicht viel Erfahrung hatte. Ältere Frauen gefielen ihm besser. Claudia wollte nicht weiter nachfragen und aufdringlich wirken, bat Barney Grüße an Dan auszurichten und verschwand in ihrem Zimmer.

Sie dachte über das Gespräch nach. Obwohl sie der Meinung war, dass sie ein gutes Selbstbewusstsein hatte, war ihr nicht klar, warum sie nicht in der Lage war, so einen gut aussehenden Mann für sich zu gewinnen. Da Claudia von Barney nun wusste, dass er ältere Frauen bevorzugte, wurde er plötzlich für sie interessant. Obwohl sie etwas jünger war als er, wollte sie sich beweisen, dass sie ihn „rumkriegen" würde.

An einem Morgen im September 1960 saßen sich Barney und Claudia in der Küche beim Frühstück gegenüber und starrten in ihre Kaffeetassen. Elisabeth hatte inzwischen die Wohnung Richtung Konsulat verlassen. Anders als sonst, versuchte Claudia Blickkontakt und ein Gespräch zu vermeiden. Es lag ein Knistern in der Luft, das beiden bewusst wurde. Als die beiderseitige Spannung kaum noch zu ertragen war, standen sie im gleichen

Moment auf und wollten zur Tür hinausgehen. Sie prallten aneinander und im nächsten Moment lagen sie sich in den Armen und küssten sich. Sie hatten ein schlechtes Gewissen gegenüber Elisabeth. Doch ihr gegenseitiges Verlangen nacheinander war stärker als jeglicher Respekt vor Elisabeth. Als sie ihre Fassung wiedererlangt hatten, entschieden sie sich für ein Schäferstündchen in einem Hotel am Stadtrand Berlins. Man musste dort keine Namen nennen und konnte im Voraus bezahlen. Am Nachmittag verließen sie das Hotel und ein ungutes Gefühl überkam Claudia. In ihrem bisherigen Leben war es ihr noch nie so schlecht gegangen wie in diesem Moment. Ihr schlechtes Gewissen nahm mehr und mehr Besitz von ihr. Sie wäre am liebsten gestorben, denn ihre größte Angst war, dass ihr ihre Mutter ansah, was sie getan hatte. Barney ging es genauso. Claudia fuhr nach Hause und Barney in die Kaserne.

Die Wochen vergingen und Elisabeth hatte nichts bemerkt, doch Claudia schämte sich immer noch, aber versuchte weiterhin, sich nichts anmerken zu lassen. Barney sagte indes Elisabeth immer öfter Verabredungen ab und seine Besuche wurden auch seltener, da er angeblich zu viel zu tun hatte. Doch Elisabeth kam dieses Verhalten sehr merkwürdig vor, da sie durch die Arbeit im Konsulat über seinen Tätigkeitsbereich informiert war und wusste, dass er bei Weitem nicht so viel arbeiten musste wie er vorgab. Sie ahnte, dass etwas nicht stimmte, und glaubte, dass er eine andere Frau hatte.

Einige Wochen zuvor hatte Claudia sich bei der Deutschen Oper für eine Festeinstellung in einem Ballett als Nachwuchstänzerin beworben. Jetzt bekam sie Nachricht, dass sie sich für den nächsten Monat bereithalten sollte. Sie war über diese Nachricht so glücklich, dass sie die vergangenen Tage, an denen ihr des Öfteren übel gewesen war, völlig vergaß. Bisher hatte sie angenommen, dass sie etwas Falsches gegessen hatte, doch als ihre Periode ausblieb, ging sie zum Arzt. Die Diagnose traf Claudia wie ein Schlag. Sie war im zweiten Monat schwanger! Ihre Gedanken überschlugen sich. Was sollte sie jetzt tun? Was würde aus ihrer Tanzkarriere werden? Zum Vortanzen brauchte sie nun nicht mehr gehen und die Angst stieg in ihr auf, es ihrer Mutter sagen zu müssen.

Elisabeth fiel das veränderte Verhalten ihrer Tochter sofort auf und überraschenderweise fragte sie Claudia direkt, ob sie schwanger sei. Claudia zog diese Feststellung ihrer Mutter erst einmal ins Lächerliche, brach dann aber einige Minuten später weinend in Elisabeths Armen zusammen und bestätigte deren Verdacht. Da sie wusste, dass Claudia keinen festen Freund hatte, wollte sie den Namen des werdenden Vaters wissen. Claudia druckste nur herum und wollte mit der Sprache nicht heraus, bis Elisabeth klar wurde, dass es sich nur um Barney handeln konnte. Sie nannte seinen Namen und Claudia nickte. Nun war das Chaos perfekt. Noch am selben Abend beendete Elisabeth telefonisch, ohne eine Begründung, die Beziehung zu Barney. Erst Tage später rief sie ihn an und bat um ein klärendes Gespräch.

Als er in der Tür stand und sie umarmen wollte, wies sie ihn zurück und sagte ihm, wie es ihre direkte Art nun einmal war, dass er Vater werden würde. Geschockt setzte Barney sich auf einen Stuhl und fragte Elisabeth, warum sie die Beziehung zu ihm beenden wollte, wenn sie schwanger sei. Elisabeth musste fast lachen, wenn es für sie in diesem Moment nicht so traurig gewesen wäre. Sie teilte ihm mit, dass es sich nicht um sie selbst, sondern um Claudia handelte. Auch wenn Elisabeth die Leidtragende in dieser Situation war, wollte sie, dass ihr Enkelkind auf die Welt kam. Sie fragte Barney, wie er sich die Zukunft nun vorstellte, doch er blockte nur ab und erklärte ihr, dass er in einem knappen Jahr in die Staaten zurückkehren müsse und ein neues Leben anfangen würde. Elisabeth konnte es kaum fassen, dass er sich aus der Verantwortung stehlen wollte. Das war es nicht, was sie hören wollte, aber erst einmal war dieses Gespräch für beide beendet, denn Barney drängte zum Gehen. An der Haustür sagte er noch, dass er Geld und Milchpulver schicken würde, sobald das Kind auf der Welt sei, danach verschwand er vorerst aus ihrem Leben.

Doch ganz so einfach war es für Elisabeth nicht, Barney gehen zu lassen. Sie war zwar entsetzt darüber, dass ihre Tochter nun von ihrem Freund schwanger war, aber sie wollte, dass das Kind auf die Welt kam. Es war immerhin ein Teil von Barney, den sie immer noch liebte, und sie selbst war schon zu alt, um noch einmal schwanger zu werden.

Obwohl sie Claudia versprach sich nur noch um sie und nicht mehr um Barney zu kümmern, konnte sie ihr Versprechen nicht einhalten. Sie nahm in den nächsten Tagen Kontakt zu ihm auf und traf sich wieder mit ihm.

Einige Tage vergingen; Claudia arbeitete trotz ständiger Übelkeit in den Abendstunden in einer Bar. Eines Abends ging dort die Tür auf und Elisabeth trat, stark schwankend, herein. Sie sah ihre Tochter hinter der Theke stehen und steuerte direkt auf sie zu. Claudia sah sie kommen und wollte hinter dem Tresen vorkommen und sie abfangen, um mit ihr wieder vor die Tür zu gehen. Aber da schrie Elisabeth auch schon los und machte Claudia vor allen Gästen eine riesige Szene. Elisabeth war stark angetrunken und war nicht zu beruhigen. Plötzlich war ihr auch ihr ungeborenes Enkelkind egal, denn sie fühlte sich betrogen und hintergangen. Sie beschimpfte Claudia unentwegt, bis ein Angestellter der Bar Elisabeth am Arm griff und sie unsanft nach draußen begleitete. Sie wurde in ein Taxi gesetzt und fuhr nach Hause. Claudia blieb ziemlich konsterniert zurück.

Am nächsten Tag war es Elisabeth sehr peinlich und sie entschuldigte sich bei ihrer Tochter.

Trotz der Enttäuschung durch Barney und Claudia bewies Elisabeth einmal mehr Stärke und Größe und stellte die Beziehung zu ihrer Tochter und dem ungeborenen Kind in den Vordergrund.

Die Schwangerschaft verlief nicht so unproblematisch wie Claudia es sich gewünscht hatte. Sie hatte vom ersten bis zum letzten Tag ein ständiges Übelkeits-Gefühl. Wenn sie sich beim Einkaufen in einem Schaufenster spiegelte, dachte sie, es müssten Zwillinge werden, so dick und unförmig war sie.

Im Juni 1961 war es so weit, die ersten Wehen setzten ein. Da Elisabeth noch bei der Arbeit war, griff sich Claudia ihren gepackten Koffer und machte sich allein auf den Weg ins Krankenhaus. Elisabeth hatte im Vorhinein mit der Klinik in Dahlem schon alles Notwendige geregelt, sodass Claudia direkt ein Einzelzimmer bekam. Dr. Dietrich, der Claudia schon auf die Welt geholt hatte, kümmerte sich um sie.

Als er sie gründlich untersuchte, stellte er fest, dass sich die Nabelschnur um den Hals des Kindes gewickelt hatte. Es war Eile geboten, denn für eine natürliche Geburt gab es keine Möglichkeit mehr. Das Kind musste per Kaiserschnitt geholt werden. Claudia war darüber sehr froh, da sie die Schmerzen nicht mehr ertragen musste.

Als sie aus der Narkose erwachte, wusste sie im ersten Moment nicht, wo sie sich befand. Wie durch einen Schleier sah sie Elisabeth auf einem Stuhl sitzen und in ihrem Arm ein kleines Bündel halten. Als ihre Mutter ihr das Kind ins Bett legte, strahlte Claudia vor Glück. Auf ihre Frage, ob es ein Junge oder ein Mädchen sei, sagte Elisabeth, dass sie ein Mädchen geboren habe. Claudia hatte die letzten Monate auf einen Jungen gehofft und auch schon einen Namen für das Baby gefunden. Doch nun freute sie sich über ihre Tochter und aus Lennart wurde Lena.

Lena wurde der Liebling der Station. Sie sah zauberhaft aus und war zudem sehr pflegeleicht, denn sie schrie nur, wenn sie Hunger hatte. Schon nach einer Woche konnten Mutter und Kind die Klinik verlassen.

Als Claudia in ihrer Wohnung ankam, wartete eine große Überraschung auf sie. Elisabeth hatte mit wenig Mitteln ein Kinderzimmer eingerichtet. Sie hatte aus einer alten Couch eine Wickelkommode gebastelt, hatte einen gebrauchten Kinderwagen besorgt und in der Ecke des Zimmers stand ein kleines Puppenbett, in das Lena genau hineinpasste. Zumindest für die erste Zeit.

22

Die Zeit mit einem Baby war natürlich sehr schön, aber auch ungewohnt für Claudia, obwohl Lena ein sehr liebes Baby war. Sie schlief fast jede Nacht durch. Doch Claudia hatte keine Zeit mehr für private Dinge, weil sie sich rund um die Uhr um ihre Tochter kümmern musste. Ihre Tanzkarriere war nun auch beendet. Daher freute sie sich sehr über einen Telefonanruf eines ehemaligen Arbeitskollegen, der sie zu einem Drink einladen wollte. Sie hatte mit ihm eine Zeit lang an einem Bücherstand in einer amerikanischen Kaserne gearbeitet und sich immer gut mit ihm verstanden. Für Elisabeth war es kein Problem, dass Claudia ausgehen wollte; sie passte gern auf ihre Enkeltochter auf und somit sagte Claudia dem Kollegen namens Willi zu.

Es sollte die schlimmste Nacht in Claudias Leben werden.

Willi lud Claudia in ein nobles Lokal ein, in dem Schauspieler, Ärzte und Geschäftsleute verkehrten. Und obwohl sie sich eine Weile nicht gesehen und viel zu erzählen hatten, schaute sich Claudia immer mal wieder um, ob sie irgendeinen bekannten Schauspieler erkennen würde. Doch ihr fielen die fünf Herren am Tisch gegenüber, die sie beobachteten, nicht auf.

Einige Zeit verging, bis der Kellner plötzlich zu Claudia und Willi kam und ihnen ein Getränk servierte. Willi erklärte, dass er nichts bestellt hätte, sie hatten ja noch etwas zu trinken. Der Kellner wies auf den gegenüberliegenden Tisch und sagte, dass sie beide eingeladen wurden. Claudia und Willi waren verwundert, denn sie kannten die Männer nicht, die dort saßen. Als Willi und Claudia die Getränke annahmen – denn in diesen Kreisen lehnt man eine Einladung nicht ab – standen alle fünf Herren auf, kamen an ihren Tisch herüber und fragten, ob sie sich dazusetzen dürften. Claudia fand es spannend und Willi wollte nicht unhöflich sein und bat sie, Platz zu nehmen.

Die Herren stellten sich vor: Es waren vier Ärzte und ein Schauspieler, der Claudia aber unbekannt war.

Es entwickelten sich nette Gespräche und je länger der Abend dauerte, umso ausgelassener wurde die Stimmung. Als die letzte Runde im Lokal eingeläutet wurde, bot einer der Ärzte an, bei ihm zu Hause den Abend ausklingen zu lassen.

Willi und Claudia fanden die Idee gut, und da Claudia nicht mehr so viele Möglichkeiten sah, abends länger ausgehen zu können, freute sie sich über diese Einladung. Als sie das Lokal verließen, standen zwei PKWs vor der Tür und einer der Ärzte bat sie einzusteigen. Claudia kam dem nach und im ersten Moment fiel ihr nicht auf, dass Willi nicht mit in ihrem Auto saß. Als die vier anderen Herren im Auto Platz nahmen, fragte sie, was denn mit ihrem Bekannten sei, aber einer der Ärzte beruhigte sie und sagte ihr, dass er in den anderen Wagen einsteigen würde. Claudia wurde unruhig, und sie überlegte, wieder auszusteigen, da fuhr der Wagen los.

Nach zehn Minuten Fahrt kamen sie an einem Haus an und stiegen aus. Von Willi keine Spur. Claudia bekam es jetzt mit der Angst zu tun, und sie fragte nach, wo denn ihr Bekannter bliebe, aber auch diesmal beruhigte sie der Arzt und versicherte ihr, dass Willi mit seinem Kollegen gleich eintreffen würde. Sie baten Claudia in eine sehr große Wohnung, und nachdem sie Platz genommen hatten, kam der Hausherr mit einer Flasche Champagner aus der Küche zurück. Er prostete allen zu, Claudia nahm einen Schluck und versank in völliger Dunkelheit.

Als sie aufwachte, war es draußen bereits hell. Sie konnte sich an nichts erinnern. Sie sah sich um, aber es war niemand mehr da. Claudia schaute an sich herunter und sah, dass ihre Strümpfe und ihr Kleid zerrissen waren. Sie saß auf dem Sofa und wollte aufstehen, aber ihr tat der gesamte Körper weh. Was war nur passiert?

Noch in Gedanken hörte sie ein Geräusch und drehte sich um. Der Wohnungsbesitzer stand plötzlich hinter ihr, er packte sie am Arm und warf sie aus der Wohnung. Claudia schrie ihn an und wollte sich wehren, aber ihr fehlte die Kraft, zu sehr schmerzte ihr Körper. Sie drohte dem Arzt, ihn und seine Freunde anzuzeigen, doch er lachte nur und knallte die Wohnungstür zu. Wie in einem Nebel, völlig orientierungslos, lief Claudia auf die

Straße und hielt ein Taxi an. Doch als der Taxifahrer bemerkte, wie Claudia aussah, verweigerte er ihr die Mitnahme, er wollte keine Betrunkene in seinem Auto haben.

Völlig verzweifelt irrte sie in der Gegend umher, bis sie an eine U-Bahn-Station kam und von dort nach Hause fuhr, ohne genau zu wissen, wie sie dort ankam. Sie bewegte sich wie ferngesteuert.

Als sie ihre Wohnungstür öffnete, wollte sie Elisabeth um den Hals fallen und nur noch weinen, doch Elisabeth hatte sich große Sorgen gemacht, weil sie die ganze Nacht auf Claudia gewartet hatte, und war nur noch wütend auf ihre Tochter. Sie hörte sie keine Sekunde an, sondern machte ihr Vorwürfe. Obwohl Elisabeth bemerkte, wie Claudias Kleid und ihre Strümpfe aussahen, fragte sie sie nicht einmal, was ihr denn passiert sei. Claudia konnte die Reaktion ihrer Mutter nicht fassen und ging duschen.

Als sie sich im Bad auszog und sich im Spiegel betrachtete, sah sie die vielen Kratzspuren an ihrem Körper. Und erst jetzt wurden ihr die Schmerzen im Genitalbereich bewusst und ihr war klar, dass sie mehrfach vergewaltigt worden war.

Sie duschte lange, um die Schande abzuwaschen. Sie schämte sich so sehr, dass sie den Gedanken, zur Polizei zu gehen, direkt wieder verwarf. Denn wenn ihre Mutter ihr schon nicht zuhören wollte, warum sollte es denn die Polizei tun? Sie wollte diese Nacht einfach nur vergessen und ging zur Tagesordnung über, so, als wenn nie etwas passiert wäre.

Die Wochen vergingen und Claudia wollte wieder arbeiten gehen, damit sie etwas mehr Geld zur Verfügung hatten, sie waren ja nun zu dritt. Sie besprach sich mit ihrer Mutter und sie fanden eine Regelung. Elisabeth arbeitete weiterhin tagsüber im Konsulat und Claudia wollte sich einen Nachtjob als Bardame suchen. So konnten sich beide rund um die Uhr um Lena kümmern.

Claudia fand in der Nähe vom Kurfürstendamm einen seriösen Nachtclub, in dem sie angestellt wurde. An einem Abend, es waren noch keine Gäste in der Bar, saß sie hinter der Theke und hörte dem Pianospieler zu, als sich die Eingangstür öffnete. Ein Mann mittleren Alters betrat die Bar. Er war nicht nur aufgrund seiner

Größe eine imposante Erscheinung, sondern sein gesamtes Auftreten wirkte sehr elegant. Nachdem er sich in der Bar kurz umsah, setzte er sich direkt an die Theke. Er bestellte einen Saft und fragte Claudia, was sie trinken wollte. Da für Angestellte jeglicher Alkohol verboten war, sie aber Umsatz machen mussten, mixte Claudia sich einen Whisky auf Eis, der aus schwarzem Tee bestand.

Nach einem belanglosen Gespräch verabschiedete sich der Gast und teilte Claudia mit, dass er in ungefähr zwei Stunden nochmals zurückkommen würde. Das interessierte Claudia nicht sonderlich, da er ein Gast war und kommen und gehen konnte, wann er wollte. Claudias Kollegin, die am anderen Ende der Theke stand, fragte Claudia, ob sie nicht wüsste, wer der Gast war. Claudia verneinte.

Ihre Kollegin erzählte ihr, dass er mit Nachnamen Lorenz hieß, der Universalerbe eines großen Schuhkonzerns in Berlin sei und vor nicht langer Zeit seine Geliebte durch einen Autounfall verloren hatte. Sie meinte noch, dass Claudia unglaubliches Glück hätte, dass er sich für sie interessierte. Claudia war nicht sonderlich beeindruckt und widmete sich den neuen Gästen, die inzwischen eingetroffen waren.

Etwa eine Stunde später betrat Herr Lorenz zum zweiten Mal an diesem Abend die Bar und setzte sich wieder an die Theke, an der Claudia immer noch bediente. Wenn es ihre Zeit erlaubte, unterhielten sie sich.

Herr Lorenz blieb, bis die Bar geschlossen wurde, und fragte Claudia, ob er sie nach Hause fahren durfte. Da sie auf die U-Bahn angewiesen war und bis nach Hause etwa anderthalb Stunden benötigte, nahm sie sein Angebot gerne an. Als sie vor ihrer Haustür ankamen, lud Herr Lorenz sie für die nächste Woche in die Oper ein. Claudia bat um Bedenkzeit, denn das ging ihr alles ein bisschen zu schnell. Plötzlich kam ihr wieder ihr schreckliches Erlebnis mit den fünf Männern aus der Bar ins Gedächtnis und sie verabschiedete sich von ihm und stieg schnell aus dem Auto.

Am nächsten Morgen klingelte es an Claudias Haustür und ein Blumenbote stand mit einem großen Rosenstrauß vor ihr. Beeindruckt, aber auch irritiert nahm sie den Strauß entgegen und las das beiliegende Kärtchen. Der Strauß kam von Herrn Lorenz und er lud sie nochmals zu dem Opernbesuch ein. Er schrieb, dass er sie gern dabeihaben wollte und dass sie ihn zurückrufen möchte. Etwas aufgeregt wählte Claudia die Nummer, die auf dem Kärtchen stand. Sie konnte seine Freude regelrecht spüren, als er ihre Stimme erkannte. Sie sagte ihm, dass sie gern mit ihm in die Oper gehen würde, aber nichts Passendes anzuziehen hätte. Das war allerdings kein Problem; noch am selben Tag verabredeten sie sich und er kaufte ihr die Garderobe, die sie für solch einen Abend benötigte. Es war wie im Märchen. Als Claudia vollbepackt am Nachmittag nach Hause kam und Elisabeth die teure Garderobe sah, wurde sie neugierig und misstrauisch. Doch ihre Tochter erklärte ihrer Mutter die Situation und dass Herr Lorenz sich ihr gegenüber anständig verhalten hätte. Freundlich und zuvorkommend, aber nicht aufdringlich.

Elisabeth fand es allerdings sehr merkwürdig, denn sie vermutete nichts Gutes, wenn ein älterer Herr einem jungen Mädchen, das er einen Tag zuvor kennengelernt hatte, Garderobe für die Oper kaufte. Niemand machte etwas umsonst, aber Claudia vertraute diesem Mann und wollte auch gar nicht auf ihre Mutter hören. Sie fühlte sich wie eine Prinzessin und dieses Gefühl wollte sie nicht aufgeben. Am Abend des Opernbesuches stand Claudia lange vor dem Spiegel, denn sie wollte perfekt aussehen. Und am Ende tat sie es auch.

Das weiße Abendkleid betonte ihre schöne Figur, die sie nach der Geburt wiedererlangt hatte und sie sah zweifelsfrei aus wie eine Prinzessin. Ihr schwarzes Haar fiel seidig auf ihre Schultern und auch ihr Make-up war gut gelungen. Als Herr Lorenz sie abholte, war er begeistert. Aber auch Claudia war vom Aussehen ihres Begleiters sehr angetan. Obwohl er Mitte vierzig und sie erst zweiundzwanzig war, störte sie das nicht im Geringsten. Sie gaben ein schönes Paar ab.

Als sie in der Oper ankamen, zog Claudia bewundernde Blicke auf sich. Für sie war nicht nur der Abend ein großes Erlebnis, sondern auch an der Seite von Herrn Lorenz glänzen zu dürfen. Nachdem die Oper beendet war, lud er Claudia in ein elegantes

Restaurant ein, in dem sein Sohn schon auf sie wartete. Herr Lorenz stellte sie einander vor und es wurde ein sehr schöner Abend. Nach dem Essen verabschiedete sich Lorenz junior und Claudia und Herr Lorenz hatten nun Zeit, sich über private Dinge zu unterhalten, um sich besser kennenzulernen.

Sie erzählte von ihrer Tochter, ihrer verpatzten Tanzkarriere und vielen anderen Erlebnissen, die sie begleiteten. Herr Lorenz erzählte ihr, dass er verheiratet sei, die Ehe aber nur noch auf dem Papier existieren würde. Plötzlich machte er ihr ein Angebot, das sie für ungewöhnlich hielt. Sie sollte sich ausschließlich um ihre Tochter kümmern, ohne nachts zu arbeiten, und einen monatlichen Betrag erhalten, der für sie und das Kind mehr als ausreichend war. Er arbeitete zwar oft außerhalb Berlins, verlangte aber als Gegenleistung, dass sie als Begleitung für ihn zur Verfügung stand, wenn er sich in der Stadt aufhielt. Und das alle vier Wochen für ein paar Tage. Claudia konnte sich nicht vorstellen, dass dieses Angebot keinen Haken haben sollte, und lehnte vorerst ab.

Doch Herr Lorenz versicherte ihr, dass er keinerlei sexuelle Gedanken hegen würde. Sie mochte ihn, und obwohl sie nicht wusste, ob sie ihm vertrauen konnte, ging sie auf sein Angebot ein. Es begann für beide eine wunderbare Zeit.

∞∞

23

Sie unternahmen viel, machten schöne Kurzreisen und Herr Lorenz las Claudia jeden Wunsch von den Augen ab. Für sie war es eine fantastische Zeit, zum ersten Mal lief ihr Leben in geordneten Bahnen ab, ohne jegliche Zwischenfälle.

Lena war ein Jahr alt und ein richtiger Wonneproppen. Claudia ging es finanziell sehr gut und sie konnte sich rund um die Uhr um ihre Tochter kümmern. Und doch sehnte sie sich nach gleichaltrigen Freunden und einem festen Partner. An einem schönen Sommertag besuchten Claudia, Lena und eine befreundete Nachbarin das Freibad am Insulaner. Für Lena war es ein herrlicher Spaß, in das große Schwimmerbecken zu springen, obwohl sie noch nicht schwimmen konnte. Und obwohl Claudia eindringlich auf Lena einredete, rannte die Kleine in einem kurzen Moment der mütterlichen Unaufmerksamkeit wieder an den Beckenrand und sprang ins Wasser. Dem Bademeister gefiel das gar nicht. Zum wiederholten Male sprang er in das Becken, um Lena wieder aus dem Wasser zu holen, da sie jedes Mal wie ein Stein bis zum Beckenboden sank. Claudia musste sich Vorhaltungen des Bademeisters gefallen lassen. Er schlug ihr vor, sich in der Nähe des Nichtschwimmerbeckens aufzuhalten. Claudia hörte ihm interessiert zu, nicht nur weil er um das Wohl seiner Gäste besorgt war, sondern weil er auch sehr gut aussah.

Über die Belehrung hinweg kamen sie ins Gespräch, und nachdem er sich verabschiedet hatte, schaute er immer wieder bei Claudia vorbei.

Als es Zeit zum Gehen war, verabschiedete Claudia sich von ihrem Bademeister, doch der kleine Flirt ging nicht spurlos an ihm vorbei und er fragte Claudia, ob sie sich wiedersehen könnten. Da sie ihn sehr nett fand, sie leider viel zu schnell zu begeistern war und aus ihren alten Fehlern, was Männer betraf, einfach nicht lernen wollte sagte sie sofort zu und sie verabredeten sich noch für denselben Tag. Sie trafen sich in der Stadt, gingen in ein kleines Lokal und verbrachten einen sehr schönen Abend miteinander. Claudia war mal wieder verliebt.

Als sie nach Hause kam, musste sie sofort ihrer Mutter von ihrer neuen Eroberung erzählen. Doch Elisabeth war nicht so schnell zu begeistern wie ihre Tochter. Sie machte Claudia auf eventuelle Probleme, in Person von Herrn Lorenz, aufmerksam. Doch davon wollte Claudia in diesem Moment nichts wissen.

Einige Tage später stellte Claudia ihren Bademeister ihrer Mutter vor. Doch Elisabeth war alles andere als begeistert. Er war zwar ein gut aussehender, muskelbepackter junger Mann, doch sie hatte ihre Zweifel, ob er es ernst mit ihrer Tochter meinen würde oder ob er Claudia nur als einen von vielen Schwimmbadflirts ansah. Aber wie so oft ließ sich Elisabeth nichts anmerken, da sie sich sicher war, dass diese kleine Romanze nicht allzu lange halten würde. Doch dieses Mal irrte sie sich. Die zwei trafen sich fast täglich und waren unzertrennlich.

Claudia sah ihrer Mutter die Skepsis gegenüber ihrem neuen Freund Michael an und schlug ihr ein gemeinsames Abendessen vor. Elisabeth hatte nichts dagegen einzuwenden und auch Michael war einverstanden.

Claudia hatte lange in der Küche gestanden und es sich nicht nehmen lassen, selbst zu kochen, obwohl Kochen nicht zu ihren Stärken gehörte. Sie hatte es nie richtig gelernt, aber sie gab sich viel Mühe und war am Ende mit ihrem Kochergebnis ganz zufrieden.

Der Tisch war festlich gedeckt und die Kerzen verbreiteten eine warme Atmosphäre. Claudia war ein wenig aufgeregt und sie freute sich sehr auf diesen Besuch. In Gedanken ging sie den Abend durch, wie sie ihn sich vorstellte.

Es klingelte und Elisabeth öffnete die Haustür. Vor ihr stand Michael, breit grinsend, aber ohne größere Aufmerksamkeit der Hausherrin zu widmen. Elisabeth ließ sich nicht anmerken, dass sie nicht weiter beachtet wurde, und bat ihren Gast herein. Als beide ins Wohnzimmer traten, sah Claudia den Blick ihrer Mutter, der Bände sprach. Sie fand, dass Michael keine Manieren hatte.

Der Abend verlief natürlich nicht so, wie es sich Claudia ausgemalt hatte. Er zog sich wie Kaugummi und die Unterhaltungen waren mehr als schleppend. Claudia war froh, als ihre Mutter die angespannte Situation unterbrach, indem sie sich zu Bett verabschiedete.

Am nächsten Morgen saß Elisabeth mit Lena in der Küche beim Frühstück, als Michael zur Tür hineinschaute und einen guten Morgen wünschte. Elisabeth blieb fast der Bissen im Hals stecken, denn Michael war nur mit einem Handtuch bekleidet. Sie war so erschrocken über seinen Anblick, da sie angenommen hatte, dass er noch am Abend nach Hause gegangen war. Aber dass er ohne Absprache in ihrer Wohnung übernachtete und am nächsten Morgen halb nackt in ihrer Küche stand, war zu viel für sie. Sie forderte ihn auf, sich anzuziehen und die Wohnung zu verlassen.

Nachdem Michael gegangen war, hagelte es erst einmal Vorwürfe, die sich Claudia anhören musste. Elisabeth machte ihrer Tochter klar, dass sie diesen Mann nicht mehr in ihrer Wohnung zu sehen wünschte.

Claudia schaltete natürlich auf stur. Dadurch gab es ab diesem Moment fast täglich Streit mit ihrer Mutter und ein Ende war nicht in Sicht. Bei jedem Gespräch, das mit Michael zusammenhing, kam es zum Wortgefecht.

Claudia hatte ihrer Mutter sehr viel zu verdanken, aber jetzt wollte sie selbst endlich entscheiden, wer und was für sie gut war. Sie war sich aber auch bewusst, dass ihr neues Leben nicht ganz ohne Hilfe zu bewältigen war. Und da ihre Vorstellungen mit einer eigenen Wohnung begannen, wollte sie Herrn Lorenz um Hilfe bitten. Diese Gelegenheit ließ nicht lange auf sich warten.

24

Herr Lorenz lud Claudia wenige Tage später in ein Restaurant ein. Claudia hatte nicht vor, ihm von ihrem Freund zu erzählen, aber sie fragte ihn ganz direkt, ob er für sie eine Wohnung besorgen könnte.

Zu ihrer Überraschung bekam sie sofort ein Okay von Herrn Lorenz, der sich gleich am nächsten Tag um eine Wohnung für sie und Lena kümmern wollte.

Claudia war sehr glücklich, allerdings wusste sie nicht, wie sie ihrer Mutter erklären sollte, dass sie ausziehen wollte. Auch wusste sie nicht, was sie Michael erzählen sollte, der sich inzwischen auch so seine Gedanken machte, mit welchen Mitteln sie ihren Lebensunterhalt verdiente. Sicher würde er sie fragen, wie sie sich, ohne eine Arbeitsstelle, eine Wohnung leisten konnte. Wie sollte sie ihm klar machen, dass alles mit legalen Mitteln ablief, ohne die Existenz von Herrn Lorenz preiszugeben?

Doch darüber wollte sie sich jetzt keine Gedanken machen, erst wenn es so weit war. Im Moment war sie glücklich darüber, ihr Leben und das ihrer Tochter allein zu meistern. Einige Tage später meldete sich Herr Lorenz bei Claudia, um ihr zu erzählen, dass er in einem seiner Häuser eine Wohnung für sie gefunden hatte. Nach einer Renovierung könnte sie in vier Wochen einziehen. Claudia war überglücklich, und da sich die Wohnung in einem der Häuser von Herrn Lorenz befand, stellte sie sich eine tolle, hochherrschaftliche Bleibe vor. Aber es kam mal wieder ganz anders.

Nachdem Claudia nun endlich ihrer Mutter von ihren Auszugsplänen erzählt hatte, brach für Elisabeth eine Welt zusammen. Es flossen Tränen auf beiden Seiten, doch Elisabeth war auch klar, dass ihre Tochter ihr Leben selbst in die Hand nehmen musste, sie aber immer für sie da sein würde. Elisabeth hatte allerdings Angst, ihre Enkeltochter kaum noch zu sehen. Claudia beruhigte ihre Mutter und versicherte ihr, dass sie Lena jeden Tag sehen und abholen konnte. Das beruhigte Elisabeth sehr.

Am nächsten Tag fuhr Claudia zu der Adresse ihrer neuen Wohnung. Als sie dort ankam, erlitt sie fast einen Schock. Das Haus war alt, grau, sah völlig verwohnt und ungepflegt aus. Die Wohnung lag im vierten Stock und es gab keinen Aufzug. Claudia konnte sich nicht vorstellen, mit ihrer Tochter in solch einem Haus zu leben. Als sie oben ankam, waren Handwerker gerade dabei, aus einer großen Berliner Altbauwohnung zwei Wohnungen zu gestalten. Im hinteren Teil der Wohnung befanden sich außer den Zimmern das Badezimmer, die Küche und ein Balkon. Im vorderen Teil der Wohnung, den Claudia beziehen sollte, war außer zwei Zimmern nichts dergleichen. Es sollten nur eine kleine Dusche mit Toilette und ein Küchenverschlag ohne Fenster nur mit einem Oberlicht nachträglich eingebaut werden. Da es nur eine Eingangstür gab, gab es auch nur einen Flur, den sich die künftigen Mieter teilen mussten. Claudia konnte es nicht glauben. So etwas mutete Herr Lorenz ihr und ihrem Kind zu? Aber es gab keine andere Möglichkeit und daher nahm sie sich vor, sich mit den Gegebenheiten zu arrangieren. Sie sah sich in der Wohnung ein wenig um, ohne die Handwerker bei deren Arbeit zu stören.

Die sich noch in der Gestaltung befindlichen zwei Zimmer sahen auf den ersten Blick sehr ansprechend aus. Es ließ sich vielleicht doch etwas aus der kleinen Wohnung machen, wenn sie erst einmal fertig war. Claudia wollte ihrem neuen Zuhause eine Chance geben.

Nun war es so weit, der Tag des Umzuges war gekommen und es hieß Abschied nehmen vom alten Leben. Viel war es nicht, was Claudia mitnahm, denn sie hatte kaum Möbel, diese mussten erst neu gekauft werden. Zu ihrem Glück hatte sie ja Herrn Lorenz, der sie finanziell unterstützte. Nachdem sie sich mit Herrn Lorenz wegen der Möbel abgesprochen und neu eingerichtet hatte, fühlte sie sich sehr wohl und schon richtig zu Hause. Allerdings stand ihr noch die Aussprache mit Herrn Lorenz bevor, der noch nichts von ihrem neuen Freund wusste, und es war ihr mehr als unangenehm. Aber auch Michael wusste nichts von Herrn Lorenz und ihr war klar, wenn er die Möbel sah, würde er Fragen stellen.

Als Michael Claudia in ihrer neuen Wohnung besuchte, wunderte er sich sehr über das teure Mobiliar. Claudia versuchte sich herauszureden, aber Michael fragte so lange nach, bis sie ihn über Herrn Lorenz aufklärte.

Zu ihrer Überraschung nahm er es gut auf. Er fand es, wie er sich ausdrückte, „richtig toll, solch einen Gönner zu haben." Claudia war erleichtert über Michaels Reaktion. Nun musste sie nur noch mit Herrn Lorenz sprechen, da ihr klar war, dass er mitbekommen würde, dass sie einen Freund hatte. Denn Claudia und Michael hatten vor, gemeinsam in der Wohnung zu leben.

Als Michael endlich einzog, war das Zusammenleben so, wie Claudia es sich vorgestellt hatte. Sie unternahmen viel miteinander, lernten nette Menschen kennen und Elisabeth besuchte sie oft. Ihre Mutter verstand sich inzwischen überraschend gut mit Michael. Claudia hoffte, dass ihr Leben immer so weitergehen würde.

25

Herr Lorenz war alle vier Wochen für einige Tage in der Stadt und in dieser Zeit konnten sich Claudia und Michael nicht sehen, da Herr Lorenz Claudia auch zu Hause besuchen wollte. Michael war einverstanden und verließ die Wohnung, als es das erste Mal so weit war. Somit hatte Claudia Zeit, Herrn Lorenz klarzumachen, wie ihr neues Leben aussah, doch als er vor ihr stand, schaffte sie es nicht und ließ die Zeit der Aussprache verstreichen.

Es verging ein Jahr. Herr Lorenz meldete sich für gewöhnlich telefonisch an, wenn er nach Berlin kam, aber an diesem Tag sollte alles ganz anders kommen.

Es war neun Uhr morgens. Michael war im Bad, Claudia kümmerte sich um ihre inzwischen zweijährige Tochter, als es an der Tür klingelte. Claudia dachte an die Post und betätigte den Knopf, um die untere Haustür zu öffnen. Als sie eilige Schritte im Treppenhaus hörte, öffnete sie die Wohnungstür. Ihr stockte der Atem. Herr Lorenz stand vor ihr, strahlte sie an und hielt einen Strauß roter Rosen in der Hand. Mit den Worten: „Na, ist das nicht eine tolle Überraschung?", ging er an Claudia vorbei ins Wohnzimmer. Lena rief voller Freude Richtung Badezimmer, dass Onkel Lorenz da sei. Unter Claudia tat sich der Boden auf und sie konnte keinen klaren Gedanken mehr fassen. Als Herr Lorenz Lenas Rufen und Geräusche aus dem Badezimmer hörte, erfasste er die Situation sofort. Er drückte Claudia die Rosen in die Hand, verabschiedete sich und wollte sich später nochmals melden. Er ging so schnell, wie er gekommen war. Claudia sank auf einen Stuhl und starrte ins Leere. Was sollte nun werden? Herr Lorenz würde nicht einfach so darüber hinwegsehen. Sie waren zwar kein Paar, aber sie hatten eine Abmachung, die Claudia finanziell abhängig von ihm machte, was ihr bisher gut gefiel. Doch nun war ihr Versteckspiel aufgeflogen. Michael, der von allem nichts mitbekommen hatte, kam aus dem Bad und wollte wissen, wer geklingelt hatte, als er Claudia wie versteinert auf dem Stuhl sitzen sah.

Sie erzählte ihm, was vor wenigen Minuten passiert war, und bat ihn zu gehen. Michael verließ das Haus durch den Hinterhof, weil er nicht wusste, ob er Herrn Lorenz noch an der Haustür begegnen würde, obwohl er nicht einmal wusste, wie er aussah.

Gegen Abend rief Herr Lorenz Claudia an und bat sie, sich mit ihm in der Bar zu treffen, in der sie sich kennengelernt hatten. Er würde ein letztes Gespräch mit ihr führen wollen und sie solle auch ihren Freund mitbringen. Michael war nicht begeistert, an diesem Gespräch teilnehmen zu müssen, aber er war einverstanden.

Als sie in der Bar ankamen, winkte Herr Lorenz sie an seinen Tisch und verhielt sich beiden gegenüber sehr weltmännisch. Distanziert, aber freundlich. Nachdem er etwas zu trinken bestellt hatte, kam er gleich zur Sache. Er teilte Claudia mit, dass er unter den gegebenen Umständen ihre enge Freundschaft nicht mehr aufrechterhalten konnte, er sei aber bereit, sie so lange finanziell zu unterstützen, bis sie eine Arbeitsstelle gefunden hatte.

Ihm war klar, dass eine junge Frau wie Claudia einen festen Freund in ihrem Alter haben sollte, aber sie hatten eine Abmachung und er würde sich nicht hinters Licht führen lassen. Claudia wurde klar, dass sie vor geraumer Zeit mit Herrn Lorenz hätte reden müssen. Aber jetzt war es raus. Sie konnte und wollte sich nicht verteidigen und war erleichtert, nun ohne schlechtes Gewissen mit Michael leben zu können. Sie dankte Herrn Lorenz für sein großzügiges Angebot, sie noch eine Zeit lang finanziell zu unterstützen. Beim Abschied gab Herr Lorenz Michael noch die Worte mit auf den Weg, Claudia gut zu behandeln und sie nie zu enttäuschen. Doch leider würde sich Michael nicht an diese Worte halten und schon bald dafür sorgen, dass sich ihr gemeinsames Leben drastisch veränderte. Doch erst einmal lief das Leben für Claudia normal weiter.

∞

26

An einem schönen Sonntagmorgen saßen Claudia und Michael im Wohnzimmer und frühstückten. Sie überlegten, was sie an diesem Tag unternehmen könnten, nur Lena war quengelig und wollte auch nichts essen. Lieber ging sie auf Entdeckungstour.

Claudia hatte das Fenster im anderen Zimmer geöffnet und einige Minuten nicht auf ihr Kind geachtet. Lena holte ihren Elefanten auf Rädern, einem Schaukelpferd ähnlich, und schob ihn an das geöffnete Fenster. Als Claudia und Michael nichts mehr von Lena hörten, sprang Michael instinktiv auf und drehte sich um. Er lief in den anderen Raum und im letzten Moment erwischte er Lena an ihrem Hemd und zog sie von der Fensterbank zurück ins Zimmer. Sie wäre beinahe aus dem vierten Stock gestürzt! Michael hatte Lena das Leben gerettet. Claudia war geschockt und ihm unendlich dankbar.

Einige Wochen waren vergangen, seit Claudia nicht mehr von Herrn Lorenz unterstützt wurde, und es war an der Zeit, sich nach einer Arbeit umzusehen. Zwar teilten sich die beiden die laufenden Kosten, aber für drei Personen war es einfach zu wenig, was am Ende des Monats an Geld übrig blieb. Es fiel ihr sehr schwer, sich etwas Geeignetes zu überlegen, was sie arbeiten könnte, da sie doch nur tanzen gelernt hatte, und nachts wieder in einer Bar arbeiten wollte sie nicht. Aber das Glück kam wieder einmal zur richtigen Zeit zu ihr zurück, denn unerwartet rief Herr Lorenz bei ihr an, um zu erfahren, wie es ihr in letzter Zeit ergangen war. Sie erzählte ihm, dass sie immer noch auf

Arbeitssuche sei, und obwohl er wusste, dass Claudia noch nie im Verkauf gearbeitet hatte, bot er ihr spontan eine Stelle in einer seiner Schuhgeschäftfilialen an. Sie war skeptisch, ob sie dieser Aufgabe gewachsen war, aber sie sagte zu, denn etwas Besseres hatte sie ja nicht. Claudia war erst einmal glücklich, eine neue Aufgabe zu haben.

Da die Filiale im Nebengebäude ihres Wohnhauses war, stellte sie sich noch am selben Tag bei ihren neuen Kolleginnen vor. Sie machten alle einen sehr netten Eindruck, doch das sollte sich bald ändern.

Am Ersten des nächsten Monats begann Claudias Arbeitsvertrag. Schon am Vormittag fiel ihr auf, dass die Gespräche verstummten, wenn sie in die Nähe ihrer Kolleginnen kam. Sie dachte sich nichts dabei und es belastete sie auch nicht, da sie die meiste Zeit im Lager mit dem Sortieren von Kinderschuhen nach Größe beschäftigt war und sich auf ihre Aufgabe konzentrierte, um keine Fehler zu machen. Doch es zog sich über den gesamten Tag.

Nach einigen Wochen ertrug Claudia die Ausgrenzungen durch ihre Kolleginnen nicht mehr und rief Herrn Lorenz an, um sich bei ihm zu beschweren.

Es hatte wohl geholfen, denn schon am nächsten Tag arbeitete sie im Verkauf und auch ihre Kolleginnen zeigten sich ihr gegenüber plötzlich sehr freundlich.

Alles lief inzwischen seinen geregelten Weg. Lena war drei Jahre alt und kam in den Kindergarten. Elisabeth unterstützte Claudia, so gut sie konnte, und holte Lena oft vom Kindergarten ab und brachte sie nach Hause. Claudia war mit ihrem Leben zufrieden, weil Michael und sie nun beide eine Arbeit hatten und sie es sich leisten konnten, öfter auszugehen. Auch ihr Freundeskreis wuchs. Ein guter Freund von Michael war Schauspieler, der zu dieser Zeit noch recht unbekannt war. Er besuchte die beiden häufig und hatte Lena in sein Herz geschlossen. Er nannte sie immer „meine kleine Nougatbombe", was alle sehr amüsierte. Die Wochen und Monate vergingen, doch von Herrn Lorenz hörte Claudia nichts mehr. Nach zwei Jahren Tätigkeit im Schuhgeschäft hatte sie genug und sie bewarb sich in der Gastronomie eines bekannten Hähnchenrestaurants, wo schon lange eine Servicekraft gesucht wurde. Sie stellten Claudia direkt ein.

Sie arbeitete sich im Servicebereich schnell ein und verdiente mehr Geld als zuvor im Schuhgeschäft. Sie hatte Spaß an ihrer neuen Tätigkeit und zum ersten Mal in ihrem Leben ein gutes Gefühl, weil sie eine Arbeit hatte, die sie sich selbst gesucht hatte.

Fünf Jahre lebte Claudia inzwischen mit Michael zusammen. Eines Morgens fühlte sie sich anders als sonst, ihr wurde unwohl und sie musste sich übergeben. Als ihr die Symptome bekannt vorkamen, war ihr klar, dass sie schwanger war. Sie brauchte zwei Wochen, um Michael die frohe Botschaft mitzuteilen, doch seine Reaktion war alles andere als glücklich. Er wollte dieses Kind nicht, ein buntes würde doch wohl schon reichen, und er legte Claudia nahe, dass sie sich beide etwas einfallen lassen müssten.

Claudia verstand kein Wort. Was meinte er mit bunt? Hatte er eben ihr Kind, ihre Lena beleidigt? Sie diskriminiert? Sie hasste ihn und sprach vorerst kein Wort mehr mit ihm.

Ein paar Wochen später stand Michael vor Claudias Arbeitsstätte, um sie abzuholen.

Im Auto saß Claudias beste Freundin Erika, allerdings war Claudia nicht klar, warum Erika im Auto war. Erika erklärte ihrer Freundin, dass sie einen Bekannten hätte, der sich um Fälle wie ihren kümmern würde, schnell und schmerzlos. Obwohl sie nicht verstand, was Erika eigentlich mit ihrer Angelegenheit zu tun hatte, blieb sie im Auto, war sprachlos und fühlte sich völlig überrumpelt und hatte Angst. Sie fuhren in eine düstere Gegend in Kreuzberg und hielten vor einem heruntergekommenen Haus.

Nachdem sie ausgestiegen waren, gingen sie durch einen dunklen Gang, bis sie in einem Hinterhaus ankamen. Es roch stark nach Kohl und da Claudia sowieso schon Übelkeit verspürte, kämpfte sie gegen den Brechreiz an. Sie kamen an einer Wohnungstür an und klopften. Eine sehr kräftige Frau mittleren Alters öffnete ihnen die Tür und zog Claudia sofort in die Wohnung, Michael und Erika folgten ihnen. Die „Engelmacherinnen", wie diese Frauen genannt wurden, wechselte mit Michael noch einige Worte, nahm einen Umschlag entgegen, verabschiedete die zwei und führte sie hinaus. Nun war Claudia allein mit dieser Frau und ihre Angst stieg. Sie wollte weg, aber sie war wie gelähmt. Die Fremde brachte Claudia in die Küche, in der ein großer Küchentisch stand, der mit einem weißen Laken bespannt war. „Ziehen Sie sich aus und legen Sie sich auf den Tisch", befahl ihr die kräftige Frau. Claudia, die völlig eingeschüchtert war, folgte ihrer Anweisung. Was dann geschah, bekam Claudia nur noch schemenhaft mit. Ein kurzer, heftiger Schmerz, und alles war vorbei. Claudia zog sich an und verließ fluchtartig die Wohnung. Sie wusste nicht, wo Michael und Erika waren; sie wusste nicht, wo das Auto stand; sie wollte nur weg. In dem dunklen Gang des Hinterhauses warteten die beiden auf Claudia und sie brachten sie zum Auto. Als Claudia im Auto saß, wurde alles um sie herum in kurzer Zeit feucht und klebrig.

Bevor sie etwas den beiden sagen konnte, schoss das Blut wie aus Bächen aus ihrem Unterleib. Claudia geriet in Panik und schrie, auch Erika schrie. Erst vor Schreck, dann Michael an, er solle ins nächste Krankenhaus fahren. Dass das die richtige Entscheidung gewesen war, teilte am nächsten Tag der behandelnde Arzt Claudia mit. Eine Stunde später und sie wäre verblutet.

Als Claudia, nach einer Notoperation, aus der Narkose erwachte, saß Elisabeth an ihrer Seite. Erika hatte sie benachrichtigt. Es war ihr anzusehen, welch große Sorgen sie sich gemacht hatte, denn sie hatte von allem keine Ahnung gehabt. Claudia bat ihre Mutter, dafür zu sorgen, dass, wenn sie aus dem Krankenhaus entlassen wurde, sie Michael nicht mehr in ihrer Wohnung vorfinden möchte. Für Claudia war Michael ein für alle Male Geschichte.

Nun musste sie ihr Leben erst einmal wieder ordnen. Als Nächstes wollte sie sich eine neue Wohnung suchen, da alles in der jetzigen an die letzten Jahre mit Michael erinnerte.

∞

27

Doch noch bevor Claudia auf Wohnungssuche ging, kündigte sie ihre Arbeitsstelle und suchte sich einen neuen Job, bei dem sie keinen Schichtdienst mehr hatte. Bald fand sie am Botanischen Garten eine neue Stelle in einem Café mit gleichbleibender Arbeitszeit und einem guten Gehalt.

Claudia hatte viel Freude an ihrer neuen Arbeit, den netten Kollegen und ihren freundlichen Gästen. Eine Gruppe junger Männer fiel ihr besonders auf, da sie jeden Tag zum Essen kamen. Sie waren immer zu fünft und einer hatte ein auffallend starkes Interesse an Claudia gezeigt. Er gab ihr jeden Tag ein gutes Trinkgeld und fragte sie, ob sie nicht einmal mit ihm ausgehen wollte. Claudia lehnte aber immer wieder ab. Er war zwar nett und nicht unsympathisch, aber nicht ihr Typ und er wirkte auf sie undurchsichtig und unberechenbar.

Die Wochen vergingen und der junge Mann, er stellte sich ihr mit dem Namen Gerd vor, kam weiterhin täglich mit seinen Kollegen zum Mittagessen und machte Claudia den Hof. Sein langes Werben um sie wurde belohnt, denn Claudia konnte ihm nicht mehr standhalten, sie fühlte sich zu sehr geschmeichelt und verabredete sich mit ihm. Zwei Tage später trafen sie sich in Zehlendorf in einem Restaurant und verbrachten, mit guten Gesprächen, einen schönen Abend miteinander. Unter anderem erzählte ihr Gerd, dass er Architekt sei. Claudia fand ihn sehr nett und sie konnte sich auch eine Freundschaft mit ihm vorstellen, mehr aber zu diesem Zeitpunkt nicht.

Gerd machte Claudia weiterhin den Hof, und obwohl Claudia sich sicher war und nur eine Freundschaft wollte, wurde es doch eine Beziehung. Sie war einfach zu schnell zu begeistern. Und ihre Begeisterung hielt weiter an, denn nach drei Monaten Zusammensein zogen Claudia und Lena in das Haus von Gerd in Zehlendorf. Lena mochte den neuen Freund ihrer Mutter nicht, das wusste auch Claudia. Doch sie hoffte, dass sich Lena an die neuen Umstände gewöhnen würde, denn sie wollte, dass ihre Tochter in einer guten Wohngegend aufwuchs. Was sie nicht ahnte; Sie hatte den Wolf im Schafspelz kennengelernt.

Die ersten Monate waren harmonisch und Gerd war beiden gegenüber sehr aufmerksam. Er richtete mit Claudia das Haus ein und Lena lernte auf ihrer neuen Schule viele Kinder kennen und schloss schnell neue Freundschaften. Claudia hatte das Gefühl, dass sich Lena auf dem Weg befand, sich einzuleben und Gerd zu mögen. Ein halbes Jahr war vergangen, da änderte sich Gerds Verhalten plötzlich. Es kam immer öfter vor, dass er erst spät am Abend, angetrunken, nach Hause kam. Er wurde unfreundlich und suchte Streit. Claudia war nicht klar, was sie falsch gemacht haben könnte, sie versuchte doch immer, ihm alles recht zu machen. Sie machte den Haushalt, stellte das Essen fertig auf den Tisch und erledigte, was er ihr für den Tag aufgetragen hatte. Aber es half nichts, je öfter er betrunken nach Hause kam, desto mehr Streit gab es.

Am nächsten Morgen entschuldigte Gerd sich jedes Mal, und obwohl er sich kaum an seine Wutausbrüche erinnern konnte, versprach er Claudia, dass es nicht mehr vorkäme. Claudia war zwar nicht überzeugt von seinen Versprechungen, aber sie sah für sich und Lena keine andere Möglichkeit, als ihm zu vertrauen. Sie hatte ja auch nichts. Sie hatte ihren Job im Café und ihre Wohnung aufgegeben, um in einem goldenen Käfig gefangen zu sein. Doch Gerd schaffte es immer wieder, seinen Versprechungen Nachdruck zu verleihen und eine gute Stimmung zu erzeugen, indem er Claudia Geschenke machte und Lena eine junge Katze kaufte, über die sich Lena tatsächlich freute. Das erste Weihnachtsfest stand bevor und Claudia wollte, dass es perfekt werden würde. Gegen Mittag schmückte sie mit Lena den Weihnachtsbaum. Elisabeth bereitete das Essen zu und Gerd wollte sich noch eine Zeitung kaufen gehen.

Allerdings dauerte dieser Weg von fünfzehn Minuten schon zwei Stunden und Claudia machte sich inzwischen Sorgen, dass ihm etwas zugestoßen sein könnte. Sie konnte und wollte sich nicht vorstellen, dass er an ihrem ersten gemeinsamen Weihnachtsfest betrunken nach Hause kommen würde. Als die Vorbereitungen für den Abend weitgehend abgeschlossen waren, hörte Claudia ein klägliches Miauen aus dem Garten. Als sie im Garten nach der Katze suchte, entdeckte sie das Tier im Baumwipfel. Sie kam nicht vor und erst recht nicht mehr zurück.

Claudia konnte es nicht glauben: Die Katze war unerreichbar im Baum gefangen, Lena stand weinend im Garten, Gerd war nicht da und Weihnachten schien ins Wasser zu fallen. Claudia entschloss sich die Feuerwehr zu rufen. Die kam auch. Mit zwei Löschzügen!

Warum die Feuerwehrmänner nicht richtig informiert waren, war Claudia nicht klar, denn sie hatte sich am Telefon unmissverständlich ausgedrückt, dass es sich um eine Katze im Baum handelte und nicht um einen Großbrand. Aber die Männer in Uniform waren eher belustigt als enttäuscht, dass es kein Feuer gab, vor allem weil Weihnachten war, da sollte es lieber nirgendwo brennen.

Die Feuerwehrmänner holten die Katze aus dem Baum und berechneten Claudia den Einsatz nicht, weil eben Heiligabend war.

Inzwischen war es später Nachmittag geworden. Claudia, Elisabeth und Lena setzten sich ins Wohnzimmer, um sich nach dieser Aufregung erst einmal zu beruhigen. Sie wollten ohne Gerd mit der Bescherung beginnen, als Elisabeth ein Geräusch hörte, das aus dem ersten Stock kam. Claudia ging nach oben, um nachzuschauen, ob die Katze wieder etwas angestellt hatte, als sie geschockt an der Schlafzimmertür stehen blieb. Gerd lag volltrunken und lallend quer über dem Bett.

Das war zu viel für Claudia. Sie packte die Weihnachtsgeschenke zusammen und fuhr mit Elisabeth und Lena in die Wohnung ihrer Mutter.

Am nächsten Morgen rief sie Gerd an, um sich zu einer Aussprache mit ihm zu treffen. Sie wollte ihm ein Ultimatum stellen. Das Gespräch verlief wie die vielen anderen Aussprachen auch, er konnte sich an nichts erinnern, es tat ihm leid und er wollte sich bessern. Das war Claudia inzwischen zu wenig. Sie teilte ihm mit, dass sie sich mit ihrer Tochter eine Wohnung suchen würde, wenn er nicht mit dem Trinken aufhören sollte, und er akzeptierte ihre Entscheidung.

Was Claudia kaum für möglich gehalten hatte, trat ein: Gerd hielt sich an ihre Absprache. Er war freundlich, kam pünktlich nach der Arbeit nach Hause und trank keinen Alkohol. Er war wie ausgewechselt.

Allerdings hielt sein Verhalten nur ein halbes Jahr, dann begann der Albtraum von Neuem. Claudia wollte das alles nicht noch einmal durchmachen, mietete sich eine kleine Wohnung und zog mit Lena und der Katze aus dem Reihenhaus aus.

Als Architekt hatte Gerd gute Kontakte und bekam sehr schnell ihre Adresse und Telefonnummer heraus. Jeden Tag rief er an oder stand vor ihrer Haustür und gelobte Besserung. Claudia wusste nicht, was sie tun sollte. Einerseits wollte sie ihm eine zweite Chance geben, andererseits war ihr klar, dass der Alkohol ein Bestandteil ihres Lebens werden könnte. Als Gerd wiederholt weinend vor ihrer kleinen Wohnung stand, ließ sie sich von ihm überreden zurück ins Haus zu kommen. Die Monate vergingen und Gerd hielt sich dieses Mal dauerhaft an sein Versprechen.

Eines Abends kam er nach Hause und hatte eine Überraschung für Claudia. Vor der Haustür stand ein kleines französisches Auto. Er nutzte die Situation und machte Claudia einen Heiratsantrag. Da sich Claudia schon immer von Geschenken hatte beeinflussen lassen, nahm sie seinen Antrag an.

Nur Elisabeth und die inzwischen zehnjährige Lena hatten ihre Zweifel, dass Gerd sich auf lange Sicht ändern könnte. Doch Claudia zerstreute ihre Gedanken und zählte ihnen die Vorzüge einer Ehe mit Gerd auf.

Als Architektenfrau genoss man Annehmlichkeiten, war finanziell abgesichert und Lena würde einen Standard leben können, den sie ihr als alleinstehende Mutter nie hätte bieten können. Und sie glaubte daran, dass sich Gerd geändert hatte. Für sie war es die richtige Entscheidung.

∞∞

28

Die Hochzeitsvorbereitungen liefen auf Hochtouren. Claudia verschickte Einladungen und die Wannseeterrassen wurden für die Feierlichkeiten gemietet. Gerds Freunde kamen zur Hochzeit und auch seine gesamte Familie aus Westfalen war angereist. Seine Mutter lobte ihren erfolgreichen Sohn in den höchsten Tönen. Was für ein toller Junge er doch sei und was Claudia für ein Glück hatte, einen so erfolgreichen Architekten zum Mann zu bekommen. Die Feier war allerdings nicht für alle das ausgelassene Fest, was es eigentlich hätte sein sollen. Lena und Elisabeth machten keinen glücklichen Eindruck. Sie waren eher angespannt als ausgelassen. Aber die Festlichkeit gab keinen dramatischen Zwischenfall her und so klang der Abend ruhig und ohne ein Besäufnis aus.

Am nächsten Morgen fuhren Claudia und Gerd in die Flitterwochen nach Oberbayern. Gerd hatte dort einen guten Freund, dem ein Hotel gehörte. Es war eine wunderschöne Gegend und Claudia hoffte auf eine entspannte Zeit zu zweit. Sie sollte sich irren!

Dass Gerd geheiratet hatte, war natürlich für seine bayrischen Freunde ein Grund zum Feiern. Doch es wurde keine Feier, sondern glich einem Gelage. Claudia forderte Gerd immer wieder auf, weniger zu trinken, aber er ignorierte sie. Sie war der Situation nicht mehr gewachsen und verließ vor Mitternacht die Hotelschänke, um spazieren zu gehen. Sie wollte einen kühlen Kopf bekommen und sich beruhigen.

Sie kam nach circa einer Stunde zum Hotel zurück und bemerkte, dass sie keinen Hotelschlüssel hatte und innen alles dunkel war. Kein Klopfen half; Steine, die sie an die Fensterscheibe ihres Zimmers warf, blieben ungehört. Sie war ausgesperrt.

Obwohl es Sommer war, waren die Nächte in Oberbayern sehr frisch und Claudia hatte vergessen, sich eine Jacke mitzunehmen. So stand sie frierend immer noch vor dem Hotel, als ein Auto neben ihr anhielt. Der Fahrer fragte sie, was sie hier machte um diese Zeit. Sie befanden sich in einem Dorf, da standen normalerweise keine Frauen nachts vor verschlossenen Türen. Claudia erkannte ihn, er war ein Freund von Gerd, der an ihrer kleinen Willkommensfeier teilgenommen, aber noch vor ihr das Hotel verlassen hatte. Ihr war aufgefallen, dass er sie den gesamten Abend aufdringlich angestarrt hatte. Er fragte sie, ob sie nicht Lust hätte, mit ihm in die Innenstadt zu fahren auf einen kleinen Umtrunk. Sie lehnte ab. Aber er blieb freundlich und lächelte nur. Ihm fiel auf, dass Claudia fror, und er bot ihr eine Decke an, die er aus dem Auto holte. Claudia nahm sie dankend an, er verabschiedetet sich und fuhr davon. Claudia kamen die Tränen. Sie hatte Angst und war müde. Sie ging die Straße entlang, ohne zu wissen, was sie jetzt tun sollte. Am Ende der Straße sah sie eine Scheune, deren Tür einen Spalt offen stand. Sie ging hinein. Es war stockfinster und außer dem Knistern des Strohs unter ihren Schuhen war nichts zu hören. Claudia entschied sich, die Nacht in der Scheune zu verbringen. Sie legte sich in das Stroh, wickelte sich in die Decke und schlief ein.

Am nächsten Morgen wurde sie durch merkwürdige Geräusche wach. Als sie sich umschaute, rannte eine große Ratte über ihre Füße, gefolgt von einer Katze. Claudia schrie vor Schreck und verließ fluchtartig die Scheune und ging Richtung Hotel.

Sie sah sehr durcheinander aus, als sie am Hoteleingang den Portier begrüßte. Er nahm das auch wahr und machte eine anzügliche Bemerkung. Sie verstand zuerst nicht, was er meinte, aber als der Portier sie auf das Stroh in ihrem Haar aufmerksam machte, war ihr klar, was nun die Runde im Dorf machen würde.

Da Gerd die Tür nie abschloss, kam Claudia problemlos in ihr Zimmer. Doch Gerd erwartete sie schon und fragte sie in einem scharfen Ton, wo sie die Nacht verbracht hätte. Immerhin waren sie in seinem Oberbayern und sein Ruf würde auf dem Spiel stehen, wenn sie sich nachts herumtreiben würde. Claudia war außer sich. Als sie ihm mitteilte, wie der Abend für sie abgelaufen war, glaubte er ihr kein Wort und verließ das Zimmer. So hatte sie sich ihre Hochzeitsreise nicht vorgestellt. Der Rest des Urlaubes ging so weiter, wie er begonnen hatte, es gab fast jeden Abend ein Besäufnis.

Als sie nach drei Wochen wieder nach Hause kamen, war sie überglücklich, ihre Mutter und Tochter wiederzusehen. Aber Gerd änderte sein Verhalten keine Sekunde. Er trank, schlug um sich, gelobte Besserung und trank weiter. Claudia war inzwischen so paranoid, dass sie bei jedem Geräusch im Haus zusammenzuckte, wenn er zum Feierabend noch nicht zu Hause war. Sie lief immer wieder auf die Straße, um zu sehen, ob er um die Ecke bog. Da Gerd kein Auto fuhr und zu Fuß nach Hause die Straße langwankte, hatte sie genug Zeit sich mit ihrer Tochter in einem Zimmer einzuschließen oder ein paar Sachen zu greifen, ihre Tochter zu nehmen und das Haus durch den Garten und auf dem angrenzenden Wirtschaftsweg zu verlassen. Wenn er leicht angetrunken nach Hause kam, war es besonders schlimm, denn dann brauchte er keinen bestimmten Anlass, um aggressiv zu werden. Es passte ihm dies nicht, es passte ihm das nicht, und er tobte so lange, bis er erschöpft vor dem Fernseher einschlief. Nicht selten stand die Polizei vor der Tür. Entweder konnte Claudia sich mit ihrer Tochter noch in einem Zimmer mit einem Telefon einschließen und die Polizei selbst anrufen oder es übernahmen Nachbarn für sie. Der Lärm war nach draußen nicht zu überhören.

Die Monate vergingen und Gerds Alkoholkonsum ließ immer nur tageweise nach. An diesen Tagen war er sehr nett zu Claudia, doch er konnte dann nicht verstehen, warum sie so kalt ihm gegenüber war. Seine guten Tage konnten eben die Höllentage nicht aufwiegen. Claudias Hass auf ihren Ehemann nahm von Tag zu Tag mehr Formen an. Sie überlegte fieberhaft, wie sie dieser Ehehölle mit ihrer Tochter entfliehen konnte.

Doch ihr Mann hielt sie finanziell so kurz, dass sie nicht in der Lage war, sich Geld anzusparen. Claudia hatte kaum noch Selbstwertgefühl, immer wieder neigte sie zu Selbstvorwürfen. Sie war sich sicher, dass sie Schuld hatte, dass Gerd so viel trank, aber der Grund war ihr nicht klar. Was ihr zu dieser Zeit Halt gab, war ihre Tochter, und für sie wollte sie kämpfen und sich aus dieser Situation befreien. Obwohl Lena all die Aggressivität dieses Mannes miterlebte, war sie psychisch sehr stabil. Claudia war nicht klar, woher Lena diese Kraft nahm.

∞

29

Im Sommer 1972 sollte sich das Leben für Lena zwischen Angst und Schrecken ändern.

Sie war inzwischen elf Jahre alt und war bei ihrer besten Freundin zum Spielen. Auf der Straße war Sperrmüll und die beiden Mädchen gingen mit Freunden sich anschauen, was es dort wohl noch gut Erhaltenes zu finden gab. In den Müllbergen entdeckten sie mehrere alte Feldhockeyschläger, und obwohl sie nicht so genau wussten, was sie da gefunden hatten, fingen sie gleich auf der Straße an, den dazugehörigen Ball, der dort auch zu finden war, über das Kopfsteinpflaster zu treiben. Die Kinder bolzten drauflos und Lena war seit Langem mal wieder richtig glücklich.

Doch auf der Fahrbahn war es auf Dauer zu gefährlich zum Spielen und die Kinder entschlossen sich, auf einen Sportplatz neben ihrer Schule zu gehen. Sie trafen sich ab jenem Zeitpunkt jeden Tag nach der Schule auf der Sportanlage und hatten eine Menge Spaß. Nach einigen Wochen, die Kinder spielten wieder auf dem Sportplatz, kam ein Mann auf sie zu und erklärte ihnen, dass dieses Gelände kein öffentlicher Sportplatz sei, sondern der Berliner Hockey-Club, und wenn sie Spaß an diesem Sport hätten, könnten sie in den Verein eintreten. Er gab ihnen ein Anmeldeformular mit und Lena und ihre Freundin Birgit waren so begeistert, dass sie sofort nach Hause liefen, um das Formular von ihren Eltern unterschreiben zu lassen.

Claudia wusste nichts über Hockey, aber ihr war klar, dass Lena Gefallen an diesem Sport gefunden hatte. Sie hoffte insgeheim, dass der Sport ihrer Tochter ein wenig über die schwierige Familiensituation hinweghelfen könnte. Sie unterschrieb den Antrag und für Lena begann eine kleine Hockeykarriere.

Gerd bekam natürlich mit, dass Lena im Hockey sehr gute Fortschritte machte, und begleitete sie öfter zum Training. Als Lena so gut war, dass sie an Punktspielen teilnehmen durfte und sich zu einer Spielerpersönlichkeit auf dem Platz entwickelte, prahlte Gerd überall herum, dass das seine Tochter wäre und er sie zum Hockey gebracht hätte. Doch im Verein wussten inzwischen alle, dass es anders war.

Lena war klar, dass ihre gesamten Aggressionen, die sie gegen ihren Stiefvater hegte, sie zu dieser außergewöhnlichen Spielerin machten, die sie inzwischen war. Denn beim Hockey konnte sie kontrolliert die Wut auf ihren Stiefvater durch Zweikampfverhalten, Einsatz, Torjubel und das Miteinander im Team ausleben.

Ein weiteres Jahr verging und es kam immer wieder zu Zwischenfällen in der Familie. An einem Nachmittag kam Gerd relativ früh und natürlich angetrunken nach Hause. Claudia war im Garten und Lena machte in ihrem Zimmer Schularbeiten. Er ging in den ersten Stock und kam an Lenas Zimmer vorbei. Als er sie ansprach, ignorierte sie ihn, weil sie schon lange keinen Respekt mehr vor ihm hatte, und schon gar nicht, wenn er angetrunken war. Das war für Gerd wieder einmal ein Anlass, sich in seiner Ehre gekränkt zu fühlen. Er schrie Lena so laut an, dass Claudia ihn im Garten hören konnte. Die Angst um ihre Tochter in den Knochen, rannte sie ins Haus, an Gerd vorbei, und stellte sich schützend vor Lena. Er hatte nicht vor, Lena zu schlagen, aber als Claudia dazu kam, fühlte er sich herausgefordert. Er ging auf Claudia zu, um sie aus dem Zimmer zu werfen, weil er mit Lena reden wollte. Lena reagierte blitzschnell. Ein Holzendstück an ihrem Holzbettgestell war abzunehmen. Sie sprang auf ihr Bett, riss den Bettpfosten aus seiner Halterung und schlug so lange auf Gerds Kopf ein, bis der Vater stark blutend aus dem Zimmer torkelte und im Flur zu Boden sank. Die Zwölfjährige warf ihren ganzen Hass, der sich in den letzten Jahren in ihr aufgestaut hatte, in ihre Schläge. Claudia schrie verzweifelt und zerrte Lena von ihrem Mann weg, der wimmernd in seinem Blut lag. Claudia lief mit Lena ins Erdgeschoss und rief den Notarzt an und wieder einmal die Polizei.

Ein Krankenwagen kam und behandelte Gerd, der eine fünf Zentimeter lange Platzwunde erlitten hatte. Die Polizisten nahmen ihn nach der Behandlung über Nacht in eine Ausnüchterungszelle mit. Das war für Claudia die Möglichkeit, ihre Tochter für eine Weile zu ihrer Mutter zu bringen. Sie selbst blieb im Haus zurück.

Fünf Jahre vergingen, ohne dass sich an Gerds Verhalten etwas änderte. Für Claudia war inzwischen klar, dass ihr Mann krank war. Er war Alkoholiker und nur deshalb blieb sie bei ihm.

Es war eine Qual für sie und Lena, mitansehen zu müssen, wie sich Gerd phasenweise ins Delirium trank. Mutter und Tochter hielten fest zusammen. Lena schöpfte Kraft aus ihrem Hockeyspiel und sie hatte tolle Mannschaftskameradinnen. Die Mitspielerinnen wussten von den Familienverhältnissen und so konnte sie jederzeit bei der einen oder anderen Spielerin übernachten, wenn es zu Hause wieder einmal laut wurde.

Inzwischen hatte es Lena in die Deutsche Hockey-Nationalmannschaft geschafft und sie war viel in der Welt unterwegs. Doch tief in ihren Gedanken wusste sie, dass ihre Mutter immer noch festsaß und sie es, zumindest zeitweise, geschafft hatte, dem Martyrium von Gerd zu entfliehen.

∞∞

30

Elisabeth war inzwischen 63 Jahre alt und arbeitete schon lange nicht mehr im amerikanischen Konsulat, da es mit ihrer Gesundheit nicht zum Besten stand. Um ihre kleine Rente etwas aufzubessern, arbeitete sie drei Tage in der Woche in der Berliner Philharmonie an der Garderobe. Kurze Zeit nach ihrer Einstellung wurde sie krank und fiel für einige Wochen aus. Um ihren Job nicht zu verlieren, der sehr begehrt war, bat sie Claudia, sie in dieser Zeit zu vertreten. Claudia war froh, mal einige Tage von zu Hause wegzukommen. Nach einer Woche Tätigkeit an der Garderobe machte sie in einer Aufführungspause die Bekanntschaft eines Herren im Smoking.

Er stellte sich als Christoph Eschenbach vor und war der Dirigent des Abends. Claudia wunderte sich, dass ein Dirigent sie ansprach, doch er war so freundlich, dass sie sich keine weiteren Gedanken machte. Er erzählte ihr, dass er für drei Wochen in der Philharmonie gastiere, und gab Claudia seine Karte. Sie sah sich die Adresse an und war verwundert darüber, dass ein bekannter Dirigent in Zehlendorf wohnte. Er erklärte ihr, dass es seine Zweitwohnung sei, wenn er in Berlin war. Seinen Hauptwohnsitz hätte er in Italien. Nachdem die Pause zu Ende war, verabschiedete sich Herr Eschenbach von Claudia und betrat wieder den Hauptsaal. Nachdem sich niemand mehr im Foyer aufhielt, ging Claudia zur Tür des Hauptsaals, öffnete sie vorsichtig, und obwohl der Orchestergraben gut vierzig Meter entfernt war, glaubte sie in Herrn Eschenbach den Dirigenten zu erkennen. Allerdings war sie sich unsicher, ob sie mit ihm Kontakt aufnehmen sollte, andererseits fühlte sie sich geschmeichelt, dass ein Dirigent sie ansprach.

Zwei Wochen später erschien Elisabeth wieder in der Philharmonie und Claudia begleitete sie. Herr Eschenbach hatte seinen letzten Auftritt und Claudia bat ihre Mutter sich den Dirigenten anzuschauen, wenn sie die Möglichkeit dazu hätte. Aber Elisabeth konnte ihn nur im Orchestergraben von hinten sehen. Doch die langen Haare und die Statur von Herrn Eschenbach ähnelten denen auf den Plakaten, auf denen der Dirigent abgebildet war. Daraufhin glaubte auch Elisabeth, Eschenbach zu erkennen.

Die Einschätzung ihrer Mutter beruhigte Claudia so sehr, dass sie Eschenbach anrief, um sich mit ihm zu verabreden. Er willigte sehr gern ein und beide trafen sich nun von Zeit zu Zeit in einem Restaurant in Zehlendorf. Einige Wochen später erhielt Elisabeth Post aus dem Schwarzwald vom Anwalt ihrer Schwester.

Es war eine traurige Nachricht. Ihre Schwester Charlotte war schon vor Jahren an Krebs erkrankt und es blieb ihr nicht mehr viel Zeit zu leben. Elisabeth nahm sich sofort Urlaub und fuhr nach Freudenstadt, wo ihre Schwester lebte. Claudia wollte so schnell wie möglich nachkommen.

Einige Tage später erzählte sie Herrn Eschenbach, was passiert war. Zu ihrer Freude bot er Claudia an, sie in den Schwarzwald zu begleiten. Sein Gastspiel in Berlin wäre zu Ende und er hätte einige Tage frei.

Claudia fand die Idee sehr gut, nicht alleine fahren zu müssen. Allerdings hatte sie gehofft mit dem PKW von Herrn Eschenbach zu fahren, weil sie nur einen Kleinwagen hatte. Aber er hatte eine plausible Erklärung, warum er seinen Wagen nicht zur Verfügung stellen konnte. Am Wochenende machten sich Claudia und Herr Eschenbach auf den Weg nach Freudenstadt. Als sie ankamen, erfuhren sie, dass Charlotte bereits verstorben war. Zum ersten Mal hatten Claudia und Elisabeth einen Todesfall in der Familie zu beklagen und beide fühlten sich überfordert mit den Dingen, die nun auf sie zukamen. Doch sie waren froh, dass Eschenbach ihnen zur Seite stand, allerdings fand Claudia es sehr merkwürdig, dass er sich für das Erbe von Elisabeth interessierte. Sie hatte von Charlotte ein beträchtliches Vermögen geerbt und Eschenbach forderte nach einigen Tagen einen Anteil für seine Dienste.

Als Elisabeth über die Forderung Eschenbachs mit Claudia sprach, musste sie ihre Tochter beruhigen, denn sie empfand es als Unverschämtheit und sie warnte ihre Mutter. Doch Elisabeth mochte Eschenbach und sie war der Meinung, dass sie ohne seine Unterstützung die Erbschaftsangelegenheit nicht so einfach gemeistert hätten.

Nachdem alle Angelegenheiten in Freudenstadt erledigt waren und Elisabeth, Claudia und Eschenbach zurück in Berlin waren, bat Elisabeth Eschenbach, den PKW von Charlotte zu verkaufen. Aus diesem Verkauf würde sie Eschenbach für seine Dienste bezahlen. Claudia war empört über die Entscheidung ihrer Mutter, weil sie sie nicht gefragt hatte, ob sie den Wagen behalten wollte. Doch Elisabeth hatte entschieden! Der Wagen sollte weg.

Einige Wochen später fuhren Claudia und Eschenbach mit dem Zug nach Freudenstadt, wo der Sportwagen noch stand. Am nächsten Tag wollten sie sich in einem Café mit einem Interessenten für den Wagen treffen. Da sie einen Tag Zeit hatten, entschieden sie sich die Gegend anzuschauen. Sie fuhren nach Baden-Baden und gingen gegen Nachmittag dort in ein Café.

Nachdem sie bestellt hatten und sich unterhielten, sprang Eschenbach plötzlich auf und trat an den Nebentisch auf ein älteres Paar zu. Eschenbach begrüßte die Herrschaften überschwänglich, doch Claudia konnte beobachten, dass diese verdutzt waren. Aber Eschenbach war überzeugend und bat Claudia, zu ihnen an den Tisch zu kommen.

Er stellte den Herrn als einen bekannten Tenor mit seiner Frau vor. Und er selbst wäre so stolz, mit einem so berühmten Tenor und Kollegen an einem Tisch sitzen zu dürfen. Es wurde ein sehr netter Nachmittag, und als sie sich voneinander verabschiedeten, lud der Tenor Claudia und Eschenbach für das kommende Wochenende zum Essen bei sich ein. Die beiden nahmen gern an.

Am nächsten Tag war Eschenbach mit dem Interessenten für den Sportwagen verabredet. Er bestand darauf, das Geschäft allein abzuwickeln, und bat Claudia im Hotel auf ihn zu warten. Sie wartete ... und wartete ... und wartete ...!

Gegen Abend rief sie Elisabeth an und erzählte ihr, was passiert war. Elisabeth war außer sich, wie konnten sie nur so gutgläubig gewesen sein? Ihnen war nun klar, dass sie einem Betrüger aufgesessen waren.

Claudia wollte sich auf den Weg zur Polizei machen und noch Fotos mitnehmen, auf denen Eschenbach abgebildet war, die sie erst einen Tag vorher in dem Café mit einer Polaroidkamera gemacht hatte. Aber sie waren alle weg. Er hatte alles gut vorbereitet und keine Spuren hinterlassen. Sie wollte gerade aus ihrem Hotelzimmer gehen, als es an der Tür klopfte. Sie öffnete und eine junge Frau stand vor ihr, die Claudia vorher noch nie gesehen hatte. Die junge Frau stellte sich vor und erzählte ihr, dass sie am Vormittag einen Dr. Malek kennengelernt hätte, der gerade einen Sportwagen verkauft hatte und mit ihr feiern wollte. Ihr kam dieses Verhalten sehr merkwürdig vor, da er mit dem Geld nur so um sich warf. Claudia wollte von der jungen Frau wissen, woher sie wusste, dass sie mit Eschenbach, oder Dr. Malek, wie er sich nun nannte, zusammen angekommen war. Die junge Frau teilte ihr mit, dass es ein kleiner Ort sei und der Sportwagen von Claudias Tante Charlotte überall bekannt war. Und auch sie als Nichte für einige Bewohner keine Unbekannte war. Da sei es ein Leichtes gewesen, sie ausfindig zu machen. Claudia ging gemeinsam mit der jungen Frau zur Polizei und es wurde eine Fahndung ausgeschrieben mit Schwerpunkt Berlin. Eschenbach hatte sich mit 40.000 Mark inzwischen aus dem Staub gemacht.

Nach einer Woche bekamen Claudia und Elisabeth eine Nachricht von der Polizei. Sie hatten Eschenbach, der mit richtigem Namen Müller hieß und von Beruf Wäschefahrer war, festgenommen.

Die Anwältin von Elisabeth, die von dem Vorfall unterrichtet wurde, informierte die Polizei, dass er bei ihr aufgetaucht war, um das restliche Geld von 38.000 Mark zu hinterlegen. Warum er gerade zur Anwältin von Elisabeth ging, ist keinem klar geworden, aber der Mensch macht Fehler und Müller beging damit seinen größten.

Bei der Verhandlung gegen ihn kam endlich ans Tageslicht, warum Elisabeth und Claudia von ihm als potenzielle Betrugsopfer ausgewählt wurden. Müller hatte Claudias Ehemann in einer Berliner Kneipe kennengelernt und Gerd war redselig geworden. Er hatte ihm von einer wohlhabenden Schwester seiner Schwiegermutter erzählt, die nicht gesund wäre und nicht mehr lange zu leben hätte. Müller hatte Gerd weiter ausgefragt und seine Chance gewittert, die er dann auch genutzt hatte. Allerdings nicht professionell genug, Müller bekam drei Jahre Gefängnis ohne Bewährung.

∞∞

31

Nachdem endlich wieder etwas Ruhe in Claudias Leben eingekehrt war, teilte ihr Lena mit, dass sie bei ihr aus- und in eine WG mit zwei ihrer Mitspielerinnen einziehen wollte. Claudia versuchte es Lena auszureden, sicher auch mit dem Gedanken, mit Gerd allein im Haus zurückbleiben zu müssen. Aber Lenas Entschluss stand fest. Sie war achtzehn Jahre alt und auf diesen Moment hatte sie lange gewartet. Claudia konnte nur zu gut verstehen, dass Lena nicht mehr mit Gerd unter einem Dach leben wollte. Lena zog mit ihren beiden Freundinnen in eine Berliner Hinterhauswohnung in Charlottenburg. Das Haus war übersät von Einschusslöchern aus dem Zweiten Weltkrieg, aber das war den drei jungen Frauen nicht wichtig. Es war ihr erster Schritt im Leben, um auf eigenen Beinen zu stehen.

Seit Lenas Auszug war es still im Haus geworden. Nur Hund Bingo, ein Pudel, den Claudia sich vor einigen Jahren angeschafft hatte, brachte etwas Leben in ihren Alltag. Er begleitete sie überall hin und tröstete sie über vieles hinweg.

Durch die täglichen Spaziergänge mit ihrem Hund lernte Claudia eine Frau aus der Nachbarschaft kennen, die einen jungen Hund besaß, einen Basset. Die Frauen waren sich auf Anhieb sympathisch und sie verabredeten sich zum gemeinsamen „Gassigehen" fast täglich. Nachdem Claudia Vertrauen zu Sabrina gefasst hatte, erzählte sie ihr von ihrer Lebenssituation. Ab diesem Moment hatten sie nur noch ein Thema: Wie konnte Claudia ihren Mann nur verlassen?

Es war für Claudia nicht mehr möglich, mit Gerd zusammenzubleiben. Seit Lenas Auszug trank er noch mehr und machte Claudia dafür verantwortlich, dass Lena gegangen war. Immer öfter verließ Claudia das Haus mit ihrem Hund und kam bei Sabrina unter oder fuhr zu ihrer Mutter nach Tempelhof. Es war klar, dass sie ausziehen musste, und dafür brauchte sie einen Job. Claudia kaufte sich Zeitungen und las die Stellenanzeigen sorgfältig durch. Jeden Tag.

Nach einigen Wochen fiel ihr eine Anzeige auf, die ihr gefiel. Es wurde eine Büfettkraft in einem Billardsalon gesucht. Die Dienstzeiten waren von 16:00 bis 24:00 Uhr und an den Wochenenden variabel. Für Claudia ideal. Sie konnte sich bis nachmittags um ihren Hund und um das Haus kümmern und bis spät in die Nacht würde sie Gerd aus dem Weg gehen können. Auf Dauer würde sie sich sowieso eine eigene Wohnung suchen. Den Hund würde sie abends zu Sabrina oder ihrer Mutter bringen können.

Genau so stellte Claudia es sich vor. Sie rief umgehend in der Personalabteilung des Billardsalons an und bekam einen Termin für ein Vorstellungsgespräch.

Sie hatte ein sehr nettes Gespräch mit dem Juniorchef, der sie auch einstellte. Zwar war das Gehalt nicht hoch, aber für eine kleine Wohnung würde es schon reichen. Claudia hatte ja noch finanzielle Rücklagen aus der Erbschaft. Gerd teilte sie nur kurz mit, dass sie wieder arbeiten würde und einen Kellner-Job angenommen hatte. Aber sie unterließ es, ihm zu sagen, wo sich ihre neue Arbeitsstelle befand.

∞∞

32

Claudias erster Arbeitstag war aufregend. Sie hatte noch nie zuvor an einem Büfett gearbeitet. Sie fand sich aber schnell zurecht und ihre Kollegen unterstützten sie, wenn es mal nicht so zügig voranging.

Nach einer Woche hatte sie sich eingearbeitet und es kam ihr vor, als hätte sie nie etwas anderes getan, als am Büfett zu bedienen.

Eines Abends machte eine Kollegin Claudia auf einen jungen Mann aufmerksam, der jeden Abend den Billardsalon besuchte. Sie teilte ihr mit, dass er sicher an ihr interessiert sei, denn er schaue sie unentwegt an. Doch dafür hatte Claudia gar keine Zeit und sie hatte auch kein Interesse. Sie hatte andere Sorgen, denn der nächste Schritt, den sie gehen wollte, war, sich eine Wohnung zu suchen, die männerfrei war.

Nach einigen Wochen der Suche fand Claudia eine kleine Wohnung, die sie sich finanziell leisten konnte und in der auch ihr Hund willkommen war.

Nachdem sie den Mietvertrag unterschrieben hatte, gab es kein Zurück mehr. Sie musste nun eine Strategie entwickeln, wie sie das Haus mit ihren persönlichen Gegenständen verlassen konnte, ohne dass ihr Mann etwas mitbekam. Zeitlich war es ihr nicht möglich, große Vorbereitungen zu treffen, es musste alles ganz kurzfristig ablaufen. Sie hatte zwei Wochen Zeit bis zum Einzug in ihre neue Wohnung. Als der Umzugstermin näher rückte, bestellte Claudia einen Möbelwagen für Montag 9:00 Uhr früh. Normalerweise verließ Gerd das Haus um 7:30 Uhr, somit hatte Claudia noch anderthalb Stunden Zeit ihre Sachen zu packen. Freundin Sabrina wollte ihr helfen. Doch ihr Auszug sollte auf eine harte Probe gestellt werden.

Am Umzugsmorgen wollte Gerd einfach nicht das Haus verlassen. Es war inzwischen kurz vor acht und er führte mehrere berufliche Telefonate. Claudia wurde unruhig. Sie versuchte sich aber nichts anmerken zu lassen und fing an die Küche zu putzen. Endlich ging er aus dem Haus. Claudia lief ins Schlafzimmer, holte ihre Koffer unterm Bett vor und fing an zu packen. Plötzlich hörte sie ein Geräusch und die Eingangstür fiel ins Schloss. Sie dachte, es wäre Sabrina, die einen Zweitschlüssel besaß und ihr helfen wollte.

Doch es war nicht Sabrina. Gerd kam zurück, weil er etwas vergessen hatte, und rief nach ihr. Als sie seine Stimme hörte, blieb ihr fast das Herz stehen. Eilig schob sie die Koffer wieder unter das Bett, als er das Schlafzimmer betrat und fragte, was sie mit den vielen Kleidungsstücken vorhatte.

Claudia reagierte spontan und sagte Gerd, dass sie ihren Schrank ausmisten würde und Ungetragenes für die Kleidersammlung zur Verfügung stellen wollte. Einen Moment stutzte er, aber da er unter Zeitdruck stand, nahm er ihr ihre Erklärung ab und verließ ein zweites Mal das Haus. Claudia sank auf ihr Bett, ihr Herz raste und sie hatte nur noch Angst. Als Sabrina klingelte, war Claudia überglücklich, und sie packten schnell alles zusammen, was ihr wichtig war.

Pünktlich um 09:00 Uhr stand der Möbelwagen vor der Tür. Das Verladen ging zügig voran, doch Claudia kam es wie eine Ewigkeit vor, da sie Angst hatte, dass Gerd ein zweites Mal zurückkommen könnte.

Nachdem der Umzug gelaufen war und die Möbel in der neuen Wohnung standen, vollführten die beiden Frauen einen Freudentanz und stießen mit einem Glas Sekt auf die gelungene Flucht an. Claudia wünschte sich, dass sie jetzt ein freies und glückliches Leben führen könnte.

Aber ihr war klar, dass Gerd sie nicht so schnell aufgeben würde, denn er sah sie als sein Eigentum. Und das wollte er zurück. Es vergingen sechs Monate, ohne dass sie von ihrem Mann etwas hörte. Von ihrer Freundin Sabrina erfuhr sie, dass sie Gerd ab und zu abends nach Hause kommen sah. Dann war er völlig betrunken. Claudia war es egal, sie genoss ihre Freiheit.

Nach dem Gespräch mit Sabrina vergingen einige Tage. Claudia war bei ihrer Arbeitsstelle und spülte einige Gläser. Plötzlich sprach sie jemand an und es war eine ihr sehr bekannte Stimme. Sie schaute kurz auf und bekam fast einen Schock. Ihre Beine zitterten und sie hatte das Gefühl, jeden Moment umzufallen. Vor ihr stand Gerd. Er sah furchtbar aus, sein Gesicht war aufgedunsen und er machte einen ungepflegten Eindruck. Wie hatte er sie finden können?

Er bestellte bei ihr ein Bier, aber sie spülte ihre Gläser weiter und versuchte ihn zu ignorieren, in der Hoffnung, er würde wieder gehen. Aber er ging nicht. Stattdessen wurde er laut und bepöbelte sie. Claudia rief ihren Chef zu Hilfe und erklärte ihm schnell die Situation. Er ließ Gerd umgehend vom Sicherheitspersonal rauswerfen und erteilte ihm Hausverbot. Doch Claudia war klar, dass sein Auftritt nur der Anfang einer unruhigen Zeit war.

Als sie nach Dienstschluss nach Hause fuhr, stand er vor ihrer Haustür. Sie wendete ihren PKW, fuhr zu ihrer Mutter und blieb für diese Nacht bei ihr. Doch es blieb nicht bei diesem einen nächtlichen Zusammentreffen. Woche für Woche stand er zwei- bis dreimal vor ihrer Haustür. Es war unerträglich! Claudia ging zur Polizei. Doch dort teilte man ihr mit, dass ihr Mann erst gewalttätig ihr gegenüber werden müsste, damit sie eingreifen konnten.

Diese Aussage der Polizei war Claudia zu wenig. Sie ging in die Offensive und fuhr zu Gerd nach Hause. Es dauerte eine Weile, bis er auf das Klingeln die Tür öffnete. Claudia war wieder geschockt, als sie ihn sah. Er hatte glasige Augen und stank. Er war überrascht, als er sie erblickte, bat sie aber sofort herein.

Das Haus schien zu verkommen. Es roch nach Alkohol und etliche leere Flaschen lagen herum. Gerd bot Claudia einen Platz an, doch sie zog es vor, stehen zu bleiben, es war ihr einfach zu schmutzig.

Sie erklärte ihm, dass er es unterlassen sollte, sie weiterhin zu verfolgen, da sie ihn ansonsten anzeigen würde. Doch Gerd hörte gar nicht richtig zu, sondern fing an seine Show abzuziehen. Er begann zu weinen, es glich aber eher einem Schauspiel, denn es flossen keine Tränen. Er versuchte Claudia klarzumachen, dass er ohne sie nicht leben könnte, dass er ein Schatten seiner Selbst sei, sie allerdings Schuld habe an seinem Verfall. Das kannte Claudia alles schon und es interessierte sie nicht mehr. Doch so schnell sein Weinanfall gekommen war, war er auch schon wieder vorbei und mit fester Stimme teilte er ihr mit, dass er das Haus verkaufen wollte. Als Claudia damals zu Gerd gezogen war, war das Haus noch gemietet gewesen. Ein paar Jahren später hatten beide das Haus gekauft. Darum ging es Gerd also, er brauchte ihre Unterschrift, um das Haus verkaufen zu können. Claudia willigte nur zu gern ein.

Gerd hatte bereits einen Interessenten, doch in dem Zustand, in dem das Haus war, würde es niemand kaufen. Claudia bot Gerd an, am nächsten Tag vorbeizukommen, um mit ihm zusammen das Haus wieder herzurichten. Gerd war damit einverstanden.

Am nächsten Tag kam Claudia zum Hausputz. Allerdings rührte Gerd keinen Finger, sondern gab nur Anweisungen. Das war sie von ihm gewohnt, doch jetzt hatte sie keine Angst mehr vor ihm, daher beachtete sie ihn gar nicht und machte ihre Arbeit allein.

Vierzehn Tage später war das Haus zu einem guten Preis verkauft. Gerd hatte vor, den gesamten Erlös zu behalten, da er sich als Geschädigter fühlte, Claudia hatte ihn schließlich verlassen. Damit hatte Claudia schon gerechnet und sie schaltete ihren Anwalt rechtzeitig ein. Da sie den Kaufvertrag mit unterschrieben hatte, war die Rechtslage klar. Sie erhielt ihren Anteil und bat Gerd gleichzeitig um die Scheidung. Er wusste, dass er alles verloren hatte, daher weigerte er sich, in die Scheidung einzuwilligen. Nach Rücksprache mit ihrem Anwalt reichte Claudia die Scheidung allein ein, sie musste allerdings ein Trennungsjahr einhalten, aber das war für sie kein Problem.

Gerd zog in eine teure Wohnung in Zehlendorf und sie sollte für lange Zeit nichts von ihm hören. Sie fühlte sich endlich frei.

∞

33

Es verging ein halbes Jahr, bis Claudia mit einem langjährigen Gast des Billardclubs ins Gespräch kam. Sie kannte ihn vom Sehen und sie wusste auch, dass er sich für sie schon seit Längerem interessierte, aber sie hatte seinerzeit kein Interesse an Männerbekanntschaften gehabt. Zu sehr quälten sie die Erinnerungen an ihre Ehehölle. Sie fand den jungen Mann zwar recht sympathisch, mehr aber auch nicht. Er war gebürtiger Italiener, hieß Alberto, lebte seit fünfzehn Jahren in Berlin und arbeitete als Bereichsleiter der Videoabteilung in Berlins größtem Kaufhaus. Er war ihr gegenüber sehr charmant gewesen und er hatte Claudia überreden können mit ihm auszugehen. Aber der Funke hatte nicht überspringen wollen.

Das Jahr war fast zu Ende, es ging auf Weihnachten zu und im Billardclub war nicht viel Besuch. Nur Gäste, die keine Angehörigen hatten, waren dort und spielten Karten. Unter ihnen auch Alberto. Er unterbrach sein Spiel und ging zu Claudia, um sich mit ihr zu unterhalten. Es wurde eine lange Unterhaltung und im Laufe des Abends kamen sich beide nun doch näher. Sie verabredeten sich regelmäßig und lernten sich kennen. Für Claudia war wichtig, dass Alberto keinen Alkohol trank, er sie respektierte und gut behandelte. Das tat er, und im Laufe der Zeit verliebten sie sich ineinander und entschlossen zusammenzubleiben.

Eines Nachmittags kam Lena überraschend in den Billardclub. Alberto, der dort Stammgast und jeden Tag anzutreffen war, wurde ihr von Claudia vorgestellt. Lena begrüßte ihn höflich, äußerte sich aber auch unter vier Augen mit ihrer Mutter nicht über ihn. Sie hatte genug mit ihrem Stiefvater erlebt, sodass sie zu der neuen Eroberung ihrer Mutter nichts sagen konnte oder wollte.

Sie war gekommen, um Claudia mitzuteilen, dass ihre WG aufgelöst wurde. Die Hauptmieterin wollte ausziehen und für Lena und das dritte WG-Mitglied gab es keine Möglichkeit, in der Wohnung zu bleiben. Der Vermieter gab den beiden Frauen keinen neuen Mietvertrag. Aber Lena hatte Glück und schon eine neue Wohnung in Aussicht, denn der Vater einer Freundin aus ihrem Hockeyverein wollte ihr eine kleine Wohnung vermieten. Das war eine gute Nachricht und Claudia freute sich für Lena.

Claudia ging es mit Alberto sehr gut und sie hatte wieder Spaß am Leben. Sie waren ein halbes Jahr zusammen, als Alberto sie fragte, ob sie zu ihm ziehen wollte. Claudia war begeistert, aber sie hatten einige Dinge im Vorfeld abzuklären, denn sie wollte nicht vom Regen in die Traufe kommen.

Sie lebten ein Jahr glücklich zusammen, als sie wieder mit ihrer Vergangenheit konfrontiert wurde. Mitten in der Nacht klingelte das Telefon. Claudia war erschrocken, da sie sofort an ihre Mutter und an ihre Tochter dachte, denen etwas passiert sein konnte. Aber es war Gerd. Claudia legte den Hörer vor Schreck direkt wieder auf, denn sie hatte plötzlich panische Angst.

Woher hatte er ihre Telefonnummer? Was wollte er? Wusste er, wo sie wohnte?

Ja, Gerd wusste, wo sie wohnte. Entweder stand er vor ihrer Haustür und klingelte Sturm oder er machte Telefonterror, zu jeder Tages- und Nachtzeit. So ging es über mehrere Wochen. Claudia war mit den Nerven am Ende. Auch Alberto war nicht in der Lage, Gerd an seinen Aktionen zu hindern. Gerd wusste ganz genau, wann Claudia allein zu Hause war, und nachts, wenn Alberto ans Telefon ging, legte er auf.

Eines Abends, als wieder das Telefon klingelte, war Claudia sich sicher, dass es Gerd war. Sie nahm ihren gesamten Mut zusammen, um ihm ihre Meinung zu sagen. Als sie den Hörer abnahm, meldete er sich. Seine Stimme hörte sich sehr schwach an. Er drohte sich umzubringen, wenn sie nicht sofort zu ihm fahren würde. Claudia war skeptisch. War es wieder eines seiner Spielchen oder ging es ihm wirklich so schlecht, dass er sich etwas antun würde? Sie besprach die Situation mit Alberto und fuhr danach zu ihrem Ex-Mann. Doch als sie bei Gerd eintraf, fand sie ein gewohntes Bild vor. Einen Mann, der angetrunken und ungepflegt in seiner Wohnung saß. Von Selbstmordgedanken keine Spur. Claudia ärgerte sich dermaßen über sich selbst, dass sie wieder einmal auf seine Theatralik hereingefallen war, dass sie auf der Stelle umdrehte und nach Hause fuhr.

Es vergingen wieder anderthalb Jahre und Claudia war immer noch im Billardclub beschäftigt. Von Gerd hörte sie in dieser Zeit nichts mehr. Im Billardclub hatte sich einiges verändert und auch das Betriebsklima war nicht wie früher. Claudia fühlte sich nicht mehr wohl und sie beschloss, sich selbstständig zu machen. Ihr Freund und ihre Mutter unterstützten sie bei ihrem Vorhaben.

∞

34

Ein kühner Gedanke, da sie ja keinerlei Kenntnisse hatte, wie ein Geschäft geführt wurde. Allerdings hatte sie einige Erfahrung durch den Billardclub gesammelt, wie der Einkauf von Ware funktionierte.

Claudia wollte einen kleinen Kiosk eröffnen. Nach einigen Wochen des Suchens nach dem geeigneten Laden und Standort fand sie ein Objekt in Steglitz. Eigentlich war der Laden nicht ganz optimal. Es gab keine Heizung und auch keinen großen Nebengelass für die Ware, alles musste in den Keller eine steile Treppe hinuntergetragen werden. Aber der Kaufpreis war erschwinglich.

Claudia war sich trotz der günstigen Konditionen unsicher, doch die Verkäuferin des Ladens verstand es, ihn ihr schmackhaft zu machen. Auch die Vormieter des kleinen Geschäfts redeten lange auf Claudia ein, bis sie nachgab und den Laden kaufte. Sie investierte ihre kompletten Ersparnisse und sie versprach sich auf längere Zeit ein gutes Geschäft mit einem hohen Verdienst.

Die ersten Wochen lief der kleine Laden recht gut. Claudia arbeitete sich ein, was vor allem die Kontakte zu Lieferanten oder auch die Steuerberatung betraf. Auch zu den Stammkunden hatte sie sehr schnell einen guten Kontakt. Doch Claudia musste früh erkennen, dass mit ihrem Geschäft keine Reichtümer zu verdienen waren. Die Gewinnspanne war einfach zu niedrig.

So extrem schwierig hatte sie sich die Selbstständigkeit nicht vorgestellt. Viel Arbeit und wenig Lohn. Sie stand jeden Morgen um 04:00 Uhr früh auf, öffnete den Laden um 06:00 Uhr, trug die schweren Zeitungspakete herein, machte neue Bestellungen für die Lieferanten fertig und bediente Kunden. Ohne Pause, durchgehend bis 18:00 Uhr. Den Laden täglich für eine Stunde in der Mittagszeit zu schließen, konnte sie sich einfach nicht leisten.

Claudia überlegte, wie sie ihren Umsatz gewinnbringend steigern konnte. Sie informierte sich bei anderen Betreibern und bekam als Antwort: Lotto. Sie musste Lotto anbieten, das wäre, neben dem Verkauf von Zigaretten, das Geschäft. Sie setzte sich mit den entsprechenden Behörden in Verbindung, doch sie bekam eine Absage, weil ihr Laden zu klein war. Nach nur zwei Monaten war Claudia mit den Nerven am Ende. Auch körperlich setzte ihr der Job ziemlich zu. Ihre Mutter bekam natürlich mit, wie es um Claudia und ihren kleinen Laden stand, und so bot sie ihrer Tochter ihre Hilfe an. Die nahm sehr gerne die Unterstützung ihrer Mutter an.

Claudia konnte endlich etwas durchatmen, da sie nur noch die Vormittagsschicht übernahm. Aber auch mit der Unterstützung ihrer Mutter wurde der Verdienst nicht besser. Das Hauptproblem waren die Stammkunden, die gewohnt waren, ihre gekaufte Ware anschreiben zu lassen. Am Ende des Monats fehlte eine Menge Bargeld in der Kasse, weil die Kunden es mit der zügigen Zahlung ihrer Rechnungen nicht so genau nahmen. Aber ihre Stammkunden drängen konnte Claudia auch nicht, da die Konkurrenz in Form von Supermärkten mit integriertem Kiosk sehr schnell zunahm. Die Sorge, ihre Kunden an die Supermärkte zu verlieren, war groß.

Dann geschah etwas Schreckliches und völlig Unerwartetes. Elisabeth löste ihre Tochter, wie gewohnt, in der Mittagszeit ab und begann mit ihrer Nachmittagsschicht. Claudia blieb in der Regel in der Mittagszeit noch im Laden, um mit ihrer Mutter einige Dinge zu besprechen oder um einfach nur einen Kaffee mit ihr zu trinken. Doch an diesem Tag hatte sie viel zu erledigen und verließ den Laden. Einige Minuten später betraten fünf junge Männer den Kiosk. Einer der fünf drängte Elisabeth in eine Ecke des Ladens, hielt ihr ein Messer an die Kehle und drohte sie umzubringen, wenn sie nur einen Laut von sich geben würde. Die anderen Männer raubten derweil den Laden aus. Zigaretten, Spirituosen und das Geld aus der Kasse verschwanden in weißen Tüten. Zehn Minuten später verließen die fünf ohne große Unruhe den kleinen Laden und ließen eine völlig verängstigte Frau zurück.

Es dauerte eine ganze Weile, bis sich Elisabeth wieder erholt hatte. Sie rief Alberto an, der sofort zu ihr kam und die Polizei benachrichtigte. Claudia erfuhr erst am Abend von dem Überfall, da sie den gesamten Tag unterwegs war. Sie war dermaßen geschockt, dass sie alles hinschmeißen und den Laden sofort verkaufen wollte. Aber Elisabeth gab nicht so schnell auf und wollte auch weiterhin nachmittags arbeiten.

Aufgrund des Überfalls war der Umsatz plötzlich in die Höhe gestiegen. Kunden kamen in Scharen, um ganz genau zu erfahren, wie sich alles abgespielt hatte. Als die Polizei ermittelte, hatte niemand etwas gesehen, doch nun kamen Menschen, die alles genau beobachtet haben wollten. Claudia glaubte nicht daran, dass die Diebe dingfest gemacht werden konnten. Sie machte sich eher Gedanken um ihre Mutter und wie sie den Überfall verkraftete als auch darüber, wie sie den finanziellen Tiefschlag ausgleichen konnte. Im ersten Moment vergaß sie, dass der Laden versichert war. Ihre Mutter machte sie aber darauf aufmerksam, und einige Wochen nachdem sie den Schaden ihrer Versicherung gemeldet hatte, bekam sie den kompletten finanziellen Schaden ersetzt. Glück im Unglück.

Es war ein schwieriges erstes Jahr und Claudia musste um ihre Existenz kämpfen. Und auch das zweite Jahr sollte nicht ohne Probleme ablaufen. Claudia hatte seit dem Überfall einen guten Kontakt zu ihren Geschäftskollegen aus der Nachbarschaft. Allen war klar geworden, dass es jedem passieren konnte, und so passten alle ein wenig aufeinander auf. Gegenüber von Claudias Kiosk gab es eine Eckkneipe, die hauptsächlich von motorradfahrenden Männern in Lederkluft besucht wurde. Der Besitzer der Kneipe kam des Öfteren in Claudias Laden, um mehrere Stangen Zigaretten zu kaufen. Er bezahlte immer mit einem Hundert-Mark-Schein. Claudia hatte keinen Safe, um das große Geld wegzuschließen, daher besaß sie eine Geldtasche, in der sie ihre kompletten Einnahmen aufbewahrte. Diese deponierte sie direkt unter der Ladentheke. Es kam natürlich vor, dass Kunden mitbekamen, dass das Portemonnaie prall gefüllt war, aber das waren Stammkunden und denen vertraute Claudia. Auch an diesem Tag vertraute sie einem Kunden und sollte bitter enttäuscht werden.

35

Es war im Sommer 1981 an einem sehr heißen Morgen. Das Frühgeschäft war vorbei und der Laden leer. Der Chef der Eckkneipe kam mit einem Freund zu Claudia in den Laden und kaufte wie immer seine Stangen Zigaretten und bezahlte, wie immer, mit einem Hundert-Mark-Schein. Er fragte Claudia, ob sie sich mit ihm vor die Tür setzen würde, um sich bei dem schönen Wetter ein wenig zu entspannen. Claudia fand die Idee sehr nett und er forderte seinen Freund auf, zwei Stühle aus ihrem Laden vor die Tür zu bringen, er selbst begleitete Claudia vor die Tür. Nachdem der Freund die Stühle rausgestellt hatte, verabschiedete er sich und ging. Der Chef der Eckkneipe blieb noch eine Weile bei Claudia und sie unterhielten sich bei einer Tasse Kaffee. Es war eine sehr entspannte und angenehme Atmosphäre. Nach einer Stunde verabschiedete sich der Kneipier von Claudia und ging rüber in sein Geschäft.

Für Claudia wurde es auch Zeit. Sie wollte noch zur Bank und die Einnahmen der letzten beiden Tage einzahlen. Sie ging zur Ladentheke, um ihre Geldtasche zu holen, und griff ins Leere. Panik ergriff sie. Sie lief aufgeregt hinter den Ladentisch und suchte überall nach der Geldtasche. Aber sie blieb verschwunden.

Claudia brach weinend zusammen. Nachdem sie zur Ruhe gekommen war, wurde ihr klar, was passiert sein musste. Sie war bestohlen worden, indem sie vom Chef der Kneipe abgelenkt worden war, während der zweite Mann die Stühle rausgestellt und ihre Geldtasche genommen hatte und danach verschwunden war.

Claudia war wieder bei klarem Verstand und lief auf die andere Straßenseite, um den Kneipier zur Rede zu stellen. Aber die Tür war verschlossen und auch auf ihr Klopfen reagierte niemand. Sie ging wieder in ihren Laden und rief die Polizei an. Als die Beamten eintrafen, erstattete Claudia Anzeige gegen den Kneipier. Doch die Beamten teilten ihr mit, dass es nicht viel bringen würde, da es keine Zeugen gäbe, auch keinen Beleg über die Einnahmen in Höhe von 3500 Mark, die sich in der Geldtasche befunden hatten. Ebenfalls würde die Versicherung diesmal nicht bezahlen, da es fahrlässig gewesen war, die Geldtasche so unbeobachtet liegen gelassen zu haben.

Das war das Ende für Claudias Laden. Diesen Verlust konnte sie nicht ausgleichen und sie entschied sich das Geschäft zu verkaufen. Sie fand auch relativ schnell einen Käufer. Allerdings drückte er den Kaufpreis so weit herunter, dass sie auch noch mit

Verlust verkaufen musste. Aber inzwischen war Claudia alles egal, sie wollte den Laden nur noch loswerden. Sie hatte zwei Jahre umsonst gearbeitet und hatte nun auch noch Schulden. Warum konnte in ihrem Leben nicht einmal etwas glattgehen? Sie zweifelte langsam an sich selbst. Was würde noch alles passieren? Lange zum Nachdenken hatte Claudia nicht. Ihre normalen finanziellen Verpflichtungen gingen weiter und auch die Schulden mussten pünktlich bezahlt werden. Also hieß es für sie, wieder einmal musste ein neuer Job her.

Claudia kaufte sich sofort eine Zeitung, aber es waren keine geeigneten Stellenangebote für sie dabei.

Einige Tage später, als Claudia mit ihrer Mutter einen Spaziergang machte, fiel ihr ein Schild auf mit der Aufschrift „Fisch-Verkäuferin gesucht". Claudia konnte sich nicht vorstellen in einem Fischladen zu arbeiten, aber so viele Möglichkeiten gab es für sie im Moment nicht. Elisabeth redete ihrer Tochter gut zu, es doch einmal zu probieren, schließlich war sie keine zwanzig mehr. Und es war ein renommiertes und bekanntes Fischgeschäft. Was hatte Claudia schon zu verlieren? Also machten sie sich direkt auf den Weg. Als Claudia und Elisabeth in dem Fischgeschäft ankamen, um einen Gesprächstermin zu vereinbaren, war direkt der zuständige Bezirksleiter vor Ort und bat sie in sein Büro. Das Gespräch verlief sehr gut. Obwohl sie keine gelernte Verkäuferin war, hatte Claudia eine Ausbildung vorzuweisen und in den vergangenen Jahren genug Erfahrung im Bedienen gesammelt, was dem Bezirksleiter sehr wichtig war. Die Kenntnisse, die sie als Fischverkäuferin haben musste, sollte sie in einem mehrtägigen Kurs erlernen. Claudia war einverstanden und bekam den Job. Sie war glücklich und freute sich zusammen mit ihrer Mutter über die neue Herausforderung. Da auch der Verdienst sehr gut war, musste es doch nun endlich wieder aufwärts gehen. Einige Tage später wurde sie zu dem Kurs eingeladen. Doch zu Beginn hatte sie immense Schwierigkeiten, einen Fisch auszunehmen. Nach mehrmaligem Üben und der Überwindung in den Fisch zu greifen, bewältigte sie diese Hürde recht gut.

Zwei Wochen später war ihr erster Arbeitstag. Sie lernte ihre neuen Kolleginnen kennen und ihr erster Eindruck, was das Arbeitsklima betraf, war sehr angenehm. Sie hatte eher mit einer rauen Atmosphäre wie auf dem Hamburger Fischmarkt gerechnet. Doch die Kolleginnen waren freundlich und lustig und nahmen Claudia gut auf. Zuerst wurde sie mit Auffüllarbeiten betraut, wie Brötchen in die Auslage zu legen, neuen Fisch aus dem Kühlhaus zu holen und die Tische abzuwischen. Gegen Nachmittag, als das Hauptgeschäft etwas nachließ, durfte sie erste Kontakte mit den Kunden aufnehmen und an der Verkaufstheke arbeiten. Es war nicht einfach, aber es machte ihr Spaß. Ihr Freund Alberto war allerdings alles andere als erfreut über ihre neue Tätigkeit. Jeden Abend, wenn sie nach Hause kam, rümpfte er die Nase, weil Claudia recht stark nach Fisch roch. Aber sie konnte es nun einmal nicht ändern, denn eine Dusche gab es in dem Fischladen nicht und Alberto musste sich wohl oder übel an diesen Geruch gewöhnen.

∞∞

36

Es war an einem Sonntag im Sommer 1985, als Lena ihre Mutter anrief und ihr etwas mitteilte, womit Claudia nicht einmal im Traum gerechnet hätte.

Lena erzählte ihr, dass sie einen Telefonanruf eines Pfarrers erhalten hatte. Lena kannte ihn nicht, aber er kannte sie, da seine beiden Söhne im selben Hockey-Club spielten wie sie. Er erklärte ihr, dass ihr Vater aus Amerika in Berlin sei und zu ihm gekommen sei in seine Kirche, damit er ihm helfen sollte, sie zu suchen. Was für ein Zufall, dass dieser Pfarrer Lena kannte.

Diese Information musste Claudia erst einmal verdauen. Sie rief umgehend ihre Mutter an und Elisabeth fiel aus allen Wolken.

Die drei Frauen telefonierten noch mehrmals hin und her und berieten, was zu tun sei. Zum Schluss einigten sie sich, dass sie sich alle treffen sollten. Lena war inzwischen 24 Jahre alt und sie und ihr Vater hatten sich schließlich noch nie gesehen. Also rief Lena den Pfarrer an und teilte ihm mit, dass die Familie ihn am nächsten Tag in der Wohnung ihrer Mutter treffen wollte.

Es war Sonntagmorgen und es klingelte an der Tür. In diesem Moment waren die drei Frauen doch sehr angespannt und bewegten sich keinen Zentimeter. Claudia erlangte als Erste ihre Fassung wieder und schickte Lena zur Tür, um Barney zu öffnen. Sie selbst hatte doch ein wenig den Mut verloren. Lena, die ihren Vater noch nie gesehen hatte, ging mit gemischten Gefühlen zur Tür. Tausend Gedanken jagten ihr durch den Kopf. Wie sollte sie sich verhalten? Sollte sie ihn umarmen, ihm die Hand geben, die Tür halb öffnen und dann weglaufen …? Während sie noch überlegte, hatte sie die Türklinke schon in der Hand und öffnete die Tür. Außer einem „Hi, come in" brachte sie nichts heraus.

Barney lächelte sie an und folgte seiner Tochter ins Wohnzimmer. Dort saßen Elisabeth und Claudia etwas angespannt auf dem Sofa. Bevor sich alle richtig begrüßen konnten, ergriff Claudia das Wort und fragte Barney, warum er sich nach über zwanzig Jahren bei ihnen meldete. Barney sagte ihr, dass er seine Tochter kennenlernen und vieles wiedergutmachen wollte, was er in den vierundzwanzig Jahren versäumt hatte.

Claudia war von seinen Worten nicht sehr beeindruckt und glaubte ihm kein Wort, denn sie war sich nicht sicher, warum er so plötzlich auftauchte. Lena hatte schon Interesse daran, ihren Vater besser kennenzulernen, aber ein Vater-Tochterverhältnis würde es wohl so schnell nicht geben, dafür waren sie sich einfach zu fremd. Es war eine gedrückte Stimmung. Elisabeth und Claudia bombardierten Barney mit Vorwürfen, da er damals Versprechungen gemacht hatte, die er nach seiner Rückkehr in die USA nicht eingehalten hatte. Und warum hatte er sich nicht mehr gemeldet? Er versuchte sich zu erklären, aber so richtig interessierte es die beiden Frauen auch nicht mehr. Seine Antworten kamen ihnen wie Ausreden vor. Nach einer Stunde bat Claudia Barney zum Aufbruch, da sie noch eine Verabredung in der Innenstadt hatte. Sie brachte ihn noch bis zu seinem Hotel und verabschiedete sich von ihm. Da Barney eine Woche in Berlin bleiben wollte, verabredeten sie sich für den nächsten Tag, denn er wollte so viel Zeit wie möglich mit Claudia und Lena verbringen. Auch Claudia wollte, dass Lena ihren Vater besser kennenlernen sollte, egal, aus welchen Beweggründen er sich jetzt erst bei ihnen meldete.

Als sie sich am nächsten Tag trafen, schlug Claudia Barney vor, doch aus dem Hotel auszuchecken und die Woche bei Elisabeth, in deren Wohnung, zu verbringen. Barney fand die Idee großartig. Allerdings machte Claudia sich keinerlei Gedanken darüber, ob Elisabeth diese Idee genauso großartig fand. Und es war das Gegenteil, Elisabeth war entsetzt! Sie wollte Barney nicht in ihrer Wohnung beherbergen, zu sehr hatte er sie vor fünfundzwanzig Jahren verletzt und das konnte und wollte sie ihm so schnell nicht verzeihen. Aber Claudia redete ruhig auf sie ein, dass es vielleicht nicht so schlecht wäre, wenn er das Gefühl bekäme, zurück zu seiner Familie zu kommen.

Möglicherweise würde es ja auch gut für Lenas Zukunft sein. Das konnte Elisabeth nachvollziehen, denn sie wollte für ihre Enkeltochter nur das Allerbeste. Somit zog Barney für eine Woche wieder in die Wohnung ein, wo vor fünfundzwanzig Jahren alles begonnen hatte. Claudia konnte nicht mehr länger bleiben, sie hatte schon ihre Verabredung mit einer Kollegin abgesagt und musste nun zur Arbeit.

Lena hatte früh am Morgen ihren Arbeitgeber angerufen, die Situation geschildert und um eine Woche Urlaub gebeten, den ihre Chefin ihr unter diesen Umständen gerne bewilligte. Lena wollte eigentlich nicht allein mit ihrem Vater durch Berlin streifen, sie kannten sich ja nicht einmal. Aber ihre Mutter musste arbeiten und ihre Oma hatte kein Interesse an einem Berlintrip. So musste sie ihm jetzt das neue Berlin zeigen, denn seit 1961 hatte sich die Stadt doch sehr verändert. Sie bemühte sich, das Beste aus dieser doch recht ungewöhnlichen Situation zu machen. Lena und Barney verstanden sich gut. Nur mit der Sprache hatte sie doch so ihre Probleme. Es war schwierig für sie alles zu verstehen, was ihr Vater so auf Englisch erzählte. Aber er beherrschte immer noch ein wenig die deutsche Sprache und Lena versuchte sich in ihrem Schulenglisch, sodass keine allzu langen Schweigepausen aufkamen.

Die Woche verging wie im Flug und der Tag des Abschiedes war gekommen. Am Flughafen versprach Barney seiner Tochter, sie nach Chicago einzuladen, wann immer sie dort hinwollte. Claudia hatte ihre Zweifel, ob Barney sein Wort halten würde. In den vergangenen Jahren hatte er schon zu oft Versprechungen gemacht, die er nie einhielt. Barney musste aber gar nicht lange auf einen Brief von Lena warten. Einige Wochen später schrieb sie ihm, ob er ihr und ihrer Mutter Geld für Flugtickets schicken könnte. Wann es losgehen sollte, stand allerdings noch nicht fest, denn beide Frauen wollten vorerst abwarten, ob er überhaupt antworten würde. Erst mal trat wieder Normalität in ihrem Leben ein, doch das sollte sich, wie schon so oft, ändern.

∞∞

37

Claudia war inzwischen drei Jahre mit Alberto zusammen. Und obwohl beide eine Arbeitsstelle und keinen schlechten Verdienst hatten, kamen sie finanziell gerade so über den Monat. Alberto hatte nie Geld in seinem Portemonnaie und konnte dadurch nichts in die gemeinsame Haushaltskasse legen. Claudia beobachtete diese Situation eine Zeit lang, aber sie konnte sich keinen Reim darauf machen. Nach einigen Wochen stellte sie Alberto zur Rede, wo sein Geld für den täglichen Bedarf des Haushaltes denn bleiben würde. Alberto wurde verlegen, offenbarte ihr aber, dass er öfter mal das Spielcasino besuchen würde. Für Claudia war das kein Problem, da sie annahm, er würde dort nur Karten spielen. Allerdings konnte sie sich nicht den Geldverlust erklären, da

Alberto ein sehr guter Skatspieler war. Alberto war erleichtert, dass Claudia nun von seinem kleinen Geheimnis wusste, und lud sie zum Wochenende in das Spielcasino ein. Da sich Claudia bisher noch nie in einem Casino aufgehalten hatte, nahm sie die Einladung gern an. Samstagabend machten sich beide auf den Weg in die Spielbank. Alberto hatte einen Betrag von eintausend Mark mitgenommen und erzählte Claudia, dass er das Geld zurückgelegt hatte und dass es üblich sei, wenn man eine Spielbank besuchte, genügend Geld dabeizuhaben. Als sie das Casino betraten, wurde Alberto schon von einigen Herren herzlichst begrüßt. Er erzählte Claudia, dass er die Herren aus dem Billardclub kennen würde, in dem Claudia damals gearbeitet hatte.

Sie war sich nicht so recht sicher, was Alberto ihr da alles auftischte, aber sie beließ es erst einmal dabei, setzte sich an die Bar und genoss die Atmosphäre.

Nach einer Weile suchte sie Alberto und beobachtete ihn, wie er von einem Roulettetisch zum anderen ging. Sie fand es merkwürdig, aber sie kannte sich mit dem Spielverhalten in einem Spielcasino nicht aus. Doch als Alberto nach einer Stunde zu Claudia kam, um sich von ihr einhundert Mark zu leihen, damit er sein verspieltes Geld zurückgewinnen konnte, war ihr klar, dass er ein Spieler war. Er hatte innerhalb kürzester Zeit eintausend Mark verspielt. Claudia war entsetzt. Sie bezahlte ihr Getränk, stand auf und verließ das Casino.

Sie nahm sich vor mit Alberto zu reden. Sie wollte ihn vor die Entscheidung stellen, entweder er würde aufhören zu spielen oder sie würde ihn verlassen. Sie hatte einfach kein Glück mit Männern. Entweder sie geriet an einen Trinker, an einen Betrüger oder an einen Spieler. Sie wusste nicht, was schlimmer war, aber ihr war klar, dass es so nicht weitergehen konnte. Sie war einfach zu gutgläubig. Doch damit war nun Schluss.

Am nächsten Morgen stellte sie Alberto zur Rede und er versprach ihr, sich auf eine Sperrliste der Spielcasinos setzen zu lassen und mit dem Spielen aufzuhören. Claudia wollte keine Versprechungen mehr hören, sie wollte Taten sehen. Und tatsächlich, Alberto ließ sich in der Berliner Spielbank sperren, aber in seinem Billardclub verzockte er weiterhin kleine Geldbeträge beim Kartenspiel.

Claudia wurde klar, dass sie Alberto das Kartenspielen um Geld nicht abgewöhnen würde und es war ihr inzwischen auch egal. Denn sie hatte ihr Geld und gab Alberto nur noch ihren Anteil für die laufenden Kosten. Dass sie ihren Anteil bezahlt hatte, ließ sie sich von Alberto in einem Haushaltsbuch bestätigen. Wenn Mahnungen kamen, musste Alberto zusehen, wie er diese Rechnungen bezahlte, aber er schaffte es immer wieder, deshalb machte sich Claudia auch keine Gedanken mehr darüber.

Einige Wochen später plante Alberto eine kleine Reise mit Claudia nach Bad Pyrmont. Er war vor einigen Jahren mehrmals dort gewesen und schwärmte ihr vor, wie schön es dort war. Sie konnten mit ihrem Hund lange Spaziergänge unternehmen und einfach mal entspannen. Das hörte sich gut an und Claudia freute sich über einen kleinen Urlaub, denn sie war schon lange nicht mehr aus Berlin rausgekommen. Als sie in Bad Pyrmont in einem kleinen Hotel eincheckten, wurde Alberto auch dort mit einem großen Hallo begrüßt. Claudia ahnte Böses.

Sie gingen in ihr Zimmer und Claudia nahm erst mal eine Dusche. Als sie ins Zimmer zurückkam, war Alberto nicht mehr da. Sie zog sich an und wollte in der Lobby nach ihm schauen. Als sie nach unten ging, hörte sie ihn schon im Gespräch mit einem Hotelangestellten. Alberto bestellte einen Platz in der nahe gelegenen Spielbank. Claudia ging zurück in ihr Zimmer und ließ sich nichts anmerken, als er zurückkam. Sie fragte ihn, wo er gewesen war, und Alberto flüchtete sich in eine Ausrede. Das war zu viel, Claudia hatte nicht erwartet, dass er sie anlog. Sie konfrontierte ihn mit dem, was sie in der Lobby gehört hatte, und Alberto gab es zu. Aber er beruhigte sie und versprach ihr nur um kleine Beträge zu spielen. Claudia glaubte ihm kein Wort, sie wollte jetzt nur ihre wenigen Tage Urlaub genießen; sollte Alberto doch machen, was er wollte.

Die ersten zwei Tage ging er für zwei bis drei Stunden ins Casino und kam ausgelassen zurück. Er erzählte Claudia, dass er das Urlaubsgeld schon wieder eingespielt hatte. Claudia flehte ihn an, mit dem Spielen jetzt aufzuhören, aber Alberto wollte nichts davon wissen, denn er hatte erwartet, dass sie sich mit ihm freute. Er wurde wütend und verließ das Zimmer. Claudia war klar, wo er jetzt hinging, aber sie konnte ihn nicht aufhalten. Er spielte so lange, bis ihr gesamtes Urlaubsgeld wieder verprasst war. Noch bevor die Woche zu Ende war, mussten sie den Heimweg antreten, da sie kein Bargeld mehr besaßen. Das Hotel hatte Alberto, zu ihrem Glück, im Voraus bezahlt. Claudia war maßlos enttäuscht und verzweifelt, aber was sollte sie tun?

Als sie wieder zu Hause in Berlin ankamen, hatte Claudia Post aus Amerika erhalten. Barney hatte Wort gehalten, denn in dem Umschlag befanden sich einige hundert Dollar, die für zwei Flugtickets nach Chicago ausreichten. Claudia rief sofort ihre Tochter an, die sich riesig freute. Am nächsten Tag reichte Claudia ihren Urlaub ein.

Alberto war nicht gerade begeistert darüber, dass Claudia zu ihrem Exfreund in die USA wollte, aber das war ihr egal. Zwischen ihr und Barney bestand ja nur noch ein freundschaftliches Verhältnis, also worüber sich Sorgen machen? Sie brauchte auch genau jetzt diesen Abstand zu Alberto, um sich über ihre Gefühle ihm gegenüber klar zu werden. Die nächste Zeit sollte ihr helfen, die richtige Entscheidung zu treffen.

Alberto fand sich damit ab und brachte Claudia zwei Wochen später zum Flughafen nach Tegel. Der Urlaub begann schon mit Stress. Claudia sollte Lena am Flughafen in Frankfurt am Main am Abflugschalter nach New York treffen, doch ihr Flugzeug aus Berlin kreiste über Frankfurt und bekam keine Landeerlaubnis aufgrund eines hohen Flugaufkommens. Der Abflug nach New York war bereits zweimal aufgerufen worden und Lena wurde langsam unruhig, denn sie musste, nach Aufforderung des Flugpersonals, bereits einchecken. Doch sie durfte an den Ausgangsschalter gehen, an dem Claudia herauskommen musste, um sie in Empfang zu nehmen und ihr zu helfen, denn Claudia war noch nie zuvor am Frankfurter Flughafen gewesen. Zwanzig Minuten später landete Claudia endlich. Sie durfte als Erste aussteigen, denn die Maschine nach New York wartete nur noch auf die beiden Frauen. Allerdings war Claudia am anderen Ende des Flughafens Frankfurt gelandet, als der Abflug in die USA startete. Als Claudia auf ihre Tochter zukam, traute Lena ihren Augen nicht: Ihre Mutter hatte hochhackige Schuhe an.

Claudia weigerte sich ihre Schuhe auszuziehen und so rannte Lena vorneweg und ihre Mutter stöckelte hinter ihr her, quer durch das riesige Flughafengebäude. Völlig außer Atem kamen sie am Abflugschalter an und wurden von den Stewardessen schon eilig in Empfang genommen. Nass geschwitzt, laut lachend, aber glücklich, die Maschine noch erreicht zu haben, sanken Lena und Claudia auf ihre Plätze, beobachtet von ungefähr zweihundert leicht genervten Passagieren. Das Abenteuer Chicago konnte beginnen.

∞∞

38

Nach acht Stunden Flug landeten sie in New York. Dort hatten sie vier Stunden Aufenthalt bis zum Weiterflug nach Chicago. Es war nicht viel Zeit, um sich New York anzuschauen, aber Lena hatte sich mit einem Freund am Flughafen verabredet, der in New York studierte. Er wollte ihnen, auch in der kurzen Zeit, einige Eindrücke dieser Stadt vermitteln. Thomas war pünktlich am Flughafen JFK und begrüßte sie, dann ging es los zu einem Schnelldurchlauf in Sightseeing.

Vier Stunden später befanden sie sich wieder am JFK-Flughafen und warteten auf den Weiterflug nach Chicago. Der verlief problemlos. Als sie endlich in Chicago ankamen, bemerkten sie, wie körperlich ausgelaugt sie waren. Sie betraten die Ankunftshalle und suchten in der Menschenmenge nach Barney. Als Claudia ihn nicht sah, dachte sie sofort an den „alten" Barney, der sie damals vergessen hatte, nachdem er zurück in die USA gegangen war. Doch nach wenigen Minuten sahen sie ihn. Lässig, mit einem Sonnenhut auf dem Kopf, kam er strahlend auf sie zu und begrüßte sie sehr herzlich. Lena und Claudia wollten jetzt noch ihr Gepäck holen und trotz Müdigkeit Chicago sehen, zumindest einen kleinen Teil. Aber so einfach konnten sie das Flughafengebäude nicht verlassen. Claudias Gepäck war nicht mitgeschickt worden. Da ihre Maschine aus Berlin zu spät gelandet war und ihr Gepäck nicht mehr zum Weiterflug nach Chicago eingecheckt werden hatte können, hatte Claudia keinen Koffer. Nichts!

Sie begaben sich an einen Informationsschalter und erklärten die Situation. Die Dame am Schalter beruhigte Claudia und teilte ihnen mit, dass mit der nächsten Maschine ihr Gepäck sicher nachgeliefert werden würde. Doch nicht mit der nächsten, auch nicht mit der übernächsten, und schon gar nicht mit der letzten Maschine des Tages kam Claudias Gepäck in Chicago an.

Da sie vorerst nichts unternehmen konnten, fuhr Barney mit Claudia und Lena zu ihrer Unterkunft. Barney hatte den beiden Frauen ein Apartment im 36. Stock in einem Hochhaus gemietet, mit Blick auf den Chicago River. Der Ausblick war atemberaubend und er entschädigte sogar den, hoffentlich kurzzeitigen, Verlust von Claudias Gepäck. Claudia musste sich vorerst einige Kleidungsstücke und Waschartikel von Lena leihen, aber das war kein Problem, Lena hatte genug mit.

Barney verabschiedete sich und ließ „seine Frauen" allein, denn Lena und Claudia ergriff inzwischen die Müdigkeit und sie brauchten etwas Ruhe. Sie verabredeten sich für den Abend zum Essen.

Am kommenden Morgen fuhren Barney, Lena und Claudia erneut zum Flughafen, doch sie wurden wieder vertröstet. Erst zwei Tage später traf mit der Maschine aus Washington ihr Gepäck ein. Warum der Koffer so fehlgeleitet worden war, konnte nicht mehr geklärt werden, aber das war jetzt auch egal, Claudia hatte endlich ihre Sachen zurück. Jetzt konnten sie beginnen, ihren Trip nach Chicago zu genießen. Gut gelaunt fuhren sie in die Innenstadt, schauten sich die Sehenswürdigkeiten an und gingen am Michigan-See spazieren.

Zurück im Apartment schlug Barney den beiden vor, ihnen sein Haus zu zeigen, aber Lena hatte keine Lust, sie wollte noch etwas bummeln gehen. Claudia wollte nicht unhöflich sein und nahm seine Einladung an. Schon im Auto merkte Claudia, dass etwas nicht stimmte. Barney schaute sie ständig an und ein Kompliment jagte das nächste. Waren das Annäherungsversuche? Claudia war nicht wohl in ihrer Haut und sie wollte vor ihm auf der Hut sein. Um von dieser für sie unangenehmen Situation abzulenken, fing sie an zu reden. Sie redete und redete, bis sie endlich an seinem Haus ankamen. Claudia wollte sich nach der halbstündigen Fahrt erst einmal etwas frisch machen. Barney zeigte ihr das Badezimmer und ließ sie allein. Als sie das Wasser in der Dusche anstellte, hörte sie, wie sich die Tür öffnete, sie drehte sich um und da stand Barney. Nackt!

Er hatte vor mit ihr zu duschen. Claudia war fassungslos über Barneys Verhalten; es war an der Zeit, ihn auf den Boden der Tatsachen zurückzuholen. Sie warf sich ein Handtuch um und erklärte ihm, dass es nicht um Liebe bei ihnen ginge. Nicht jetzt und auch nicht vor fünfundzwanzig Jahren. Sie war nur ihrer Tochter zuliebe mit nach Chicago gekommen und nicht wegen ihm.

Barney hatte verstanden und bot Claudia ein freundschaftliches Verhältnis an. Damit konnte sie leben und sie war einverstanden.

Am nächsten Tag hatten sie sich mit Barney zu einer Schiffstour über den Chicago River verabredet.

Er holte sie pünktlich ab und sie gingen zur nahe gelegenen Anlegestelle des Sightseeing-Bootes. Claudia setzte sich auf eine Bank und stellte ihre Handtasche neben sich ab. Als das Boot eintraf, gingen alle an Bord und nach wenigen Minuten legte das Schiff ab. Claudia sah, wie am Ufer zwei junge Personen standen und zum Schiff hinüberriefen, aber sie nahm weiter keine Notiz von ihnen, da sie annahm, sie hätten das Schiff verpasst.

Claudia genoss die Aussicht. Plötzlich schrie sie auf, dass Lena vor Schreck fast über Bord ging. Wo war Claudias Umhängetasche? Das konnte doch nicht sein, sie hatte sie doch noch vor ein paar Minuten gehabt. Ihr fielen die jungen Leute an der Anlegestelle ein, die wild gestikulierend hinter dem Schiff hergerufen hatten.

In diesem Moment wusste sie, wo sie ihre Tasche zuletzt gesehen hatte. Auf der Bank! Claudia wurde übel. In der Tasche waren neben Bargeld und ihrem Ausweis auch die Flugtickets. Barney versuchte sie zu beruhigen, aber es war nicht möglich. Sie weinte nur noch. Die Bootsfahrt dauerte zwei Stunden, doch Claudia bekam nichts mehr mit, es war zu furchtbar. Als sie wieder anlegten, lief Claudia direkt zum Ticketverkäufer, um ihn zu fragen, ob eine Tasche bei ihm abgegeben wurde. Doch das Häuschen war geschlossen. Mittagspause. Claudia war völlig fertig. Barney versprach ihr, sich um die Angelegenheit zu kümmern. Claudia fühlte sich völlig ausgelaugt und wollte nur noch in ihr Apartment zurück. Der Tag war gelaufen.

Als Claudia am nächsten Morgen aufstand, fand sie auf dem Tisch einen Hundert-Dollar-Schein vor, mit den besten Grüßen von Barney. Sie fand es ganz rührend, er war doch ein aufmerksamer Mann und sie dachte kurz darüber nach, wie es gewesen wäre, wenn sie mit ihm damals in die Staaten gegangen wäre. Vielleicht wäre er der beste und anständigste ihrer Männer gewesen. Aber sie verwarf den Gedanken gleich wieder, denn es kam ja alles anders.

Nachdem Lena und Claudia gefrühstückt hatten, holte Barney die beiden ab und zu ihrer Überraschung hatte er Claudias Tasche bei sich. Bei der Polizei war sie abgegeben worden und bis auf das Bargeld waren alle anderen wichtigen Dokumente in der Tasche. Auch ihre Flugtickets. Zur Feier des Tages wollten sie gegen Abend essen gehen. Barney hatte kein spezielles Restaurant, wo er hinwollte, er hatte nur von einer Neueröffnung gehört und schlug den beiden Frauen vor, dort hinzugehen.

Als sie gegen 20:00 Uhr dort eintrafen, erlebten sie eine Situation, mit der Lena und Claudia nie gerechnet hätten. Am Eingang des Restaurants stand ein Türsteher und verweigerte Lena und Barney den Zutritt, weil sie Farbige waren. Claudia konnte es nicht fassen und wollte mit dem Türsteher diskutieren, doch Barney lächelte nur und zog die beiden Frauen von dem Eingang weg. Sie gingen in ein anderes Lokal und erlebten das Gleiche noch einmal, nur umgekehrt. Claudia sollte draußen bleiben, da der Zutritt nur farbigen Menschen erlaubt war. Barney überlegte kurz und sagte ihnen, dass er einen sehr guten Griechen kennen würde. Dort wären sie auf alle Fälle willkommen. Es war ein sehr nettes Lokal mit gutem Essen und einer tollen Atmosphäre. Menschen verschiedener Nationalitäten waren dort anwesend und sie verbrachten einen sehr schönen Abend.

Zweieinhalb Wochen waren vergangen, als Lena wieder nach Deutschland zurück musste. Sie hatte ein wichtiges Hockeyspiel. Sie wollte ihre Mannschaft nicht im Stich lassen und flog, schweren Herzens, früher als ihre Mutter zurück. Ihr hatte Chicago sehr gut gefallen und sie wäre gern dorthin gezogen, im Gegensatz zu ihrer Mutter. Sie kam mit der Mentalität der Amerikaner und der immer noch bestehenden Diskriminierung von Menschen mit einer anderen Hautfarbe nicht klar. Claudia und Barney brachten Lena zum Flughafen und Claudia blieb noch drei Tage länger. Sie zog aus dem Apartment aus und für die drei Tage zu Barney ins Haus. Er startete einen letzten Versuch, Claudia doch noch zu einer gemeinsamen Zukunft zu überreden, doch Claudia erklärte ihm ein weiteres Mal, dass sie in zwei verschiedenen Welten lebten und sie sich in den USA nie wohlfühlen könnte. Barney musste ihren Entschluss akzeptieren und tat es auch. Sie zog im Haus in die zweite Etage und Barney hielt sich überwiegend im Erdgeschoss auf, um seine Fotos zu bearbeiten. Er arbeitete im Nebenjob als Fotograf und wurde sehr oft für Hochzeitsfeiern engagiert. Am nächsten Tag hatte er einen Termin auf einer Hochzeit. Es war ein lukrativer Nebenverdienst, der aber viel Zeit in Anspruch nahm. Für Claudia bedeutete es, den gesamten Tag im Haus und im Garten zu verbringen, da es für eine weiße Frau in einer schwarzen Wohngegend gefährlich hätte werden können, wenn sie ohne Begleitung das Haus verließ.

So langweilte sie sich und telefonierte nach Deutschland. Sie rief ihre Mutter an und versuchte auch Alberto zu erreichen. Da er nicht zu Hause war, probierte sie es im Billardclub. Es war ein ehemaliger Kollege am Telefon, der Claudia mitteilte, dass Alberto an einem Skatturnier teilnahm und nicht gestört werden konnte. Enttäuscht setzte sie sich vor den Fernseher und schlief irgendwann ein. Gegen Abend kam Barney zurück und Claudia stellte ihn zur Rede, warum er sie den ganzen Tag allein gelassen hatte. Barney konnte Claudias Ärger nicht nachempfinden. Er lebte seit Jahren allein und hatte immer etwas zu tun. Nur war er dann nicht ans Haus gekettet! Claudia war sauer und dieser Gemütszustand hielt sich noch zwei Tage. Sie war froh, als Barney sie zum Flughafen brachte und sie wieder nach Hause konnte.

Sie verabschiedeten und versprachen sich, miteinander in Kontakt zu bleiben.

∞∞

39

Zurück in Berlin nahm alles seinen gewohnten Gang. Nach einigen Tagen bekam Claudia einen Telefonanruf von der Hausverwaltung, in deren Wohnung Gerd wohnte. Der Herr am anderen Ende teilte ihr mit, dass Gerd die angemietete Wohnung in zwei Stunden räumen müsste. Claudia verstand nicht, was sie mit Gerds Wohnung zu tun hatte. Der Hausverwalter klärte sie auf, dass Gerds Mietschulden sich auf über 20.000 Mark belaufen würden, für die sie als Ehefrau aufzukommen hätte, da Gerd zahlungsunfähig sei. Claudia konnte es nicht fassen. Sie rief nach dem Gespräch mit dem Hausverwalter direkt ihren Anwalt an, der sie beruhigte. Da Claudia den Mietvertrag nicht mit unterschrieben hatte und in Scheidung lebte, musste sie diesen horrenden Betrag nicht bezahlen. Claudia war vorerst beruhigt. Doch was ihr passieren konnte, wenn sie nicht bald geschieden werden würde, war, dass sie Gerd aufnehmen müsste. Es dauerte nur noch wenige Monate, bis die Scheidung rechtskräftig wurde, daher musste sie erfahren, was mit Gerd passiert war. Warum konnte er seine Miete nicht mehr bezahlen? Wo war er? Gerd hatte noch Freunde, die Claudia anrief. Sie hatten ihn in ein Hotel einquartiert und seine Möbel eingelagert. Doch aus dem Hotel war er nach kurzer Zeit wieder herausgeflogen, da er dort nur noch betrunken in der Lobby erschienen war. Gerd war tatsächlich obdachlos und wurde von den Behörden in ein Obdachlosenasyl eingeliefert. Soweit war es also mit ihm gekommen, was hatte er sich mit dem Alkohol nur angetan? Gerd tat Claudia fast ein wenig leid, aber sie konnte nichts mehr für ihn tun und sie wollte auch nicht. Einige Wochen später wurde Claudia geschieden.

Nun war ein weiteres Kapitel ihres Leben beendet und Claudia fand es wunderbar, endlich diesem Albtraum entronnen zu sein.

∞∞

40

Sie konnte sich jetzt ganz und gar auf ihre Beziehung mit Alberto konzentrieren, aber ihr Zusammenleben war inzwischen etwas abgekühlt. Alberto bemühte sich zwar, Claudia alles recht zu machen, aber der Funke ihrerseits war am Erlöschen. Allerdings empfand sie ihr Miteinander, so wie es war, ganz in Ordnung. Claudia war ja auch nicht mehr die Jüngste mit Anfang fünfzig, und ein Alleinsein hätte sie als unangenehmer empfunden.

Einige Wochen nach ihrer Scheidung von Gerd machte Alberto ihr einen Heiratsantrag. Claudia war sehr amüsiert, denn sie nahm diesen Antrag nicht wirklich ernst.

Nach dem, was sie mit Alberto durch seine Spielsucht schon alles erlebt hatte, konnte er doch nicht wirklich glauben, dass sie Ja sagte. Aber Alberto ließ nicht locker. Er versprach ihr, was sich alles ändern würde, wenn sie erst einmal verheiratet wären. Vor allem würde er nicht mehr spielen. Claudia glaubte ihm nicht, aber sie wollte auch nicht allein sein; sie war es nicht gewohnt, allein zu sein. Und sie wollte versorgt sein. Nach einigen Tagen des Überlegens, was gut und was nicht gut für sie war, entschied sie sich, Albertos Antrag anzunehmen. Elisabeth und Lena waren wieder einmal nicht begeistert von Claudias Entscheidung, weil sie wussten, was Claudia schon alles mit Alberto erlebt hatte. Doch sie glaubten auch an das Gute in Alberto und hofften, dass er mit ihrer Heirat Verantwortung übernehmen würde.

Die ersten Wochen nach ihrer Hochzeit waren tatsächlich unkompliziert. Alberto spielte nicht, war zuvorkommend und aufmerksam. Doch auch er konnte nicht so einfach aus seiner Haut heraus. Alles, was er sich für eine gute Ehe vornahm, warf er nach einigen Monaten über Bord. Er wurde von Tag zu Tag nervöser und ungehaltener und es dauerte nicht lange und er ging wieder Karten spielen. Claudia hätte es wissen müssen und eigentlich war es ihr auch klar, aber sie beschwerte sich nicht. Vielleicht war es ihr Schicksal, immer an die falschen Männer zu geraten.

∞

41

Ende 1986, eineinhalb Jahre waren seit der Hochzeit vergangen, teilte Lena ihrer Mutter mit, dass sie Berlin verlassen wollte, um nach Frankfurt am Main zu ziehen. Durch ihren Hockeysport hatte sie viele Städte und Menschen kennengelernt, und in Frankfurt sah sie für sich ihre größten sportlichen Perspektiven. Über ihren neuen Verein hatte sie auch schon eine Arbeitsstelle in der Frankfurter Uniklinik als Erzieherin auf der Kinderstation erhalten und eine Wohnung war auch in Aussicht. Der Umzug sollte im Februar 1987 sein. Für ihre Mutter kam diese Nachricht mehr als überraschend, wie alles in dieser Familie, doch für ihre Großmutter Elisabeth war es ein Schock. Sie konnte sich kaum damit abfinden, dass sie ihre geliebte Enkeltochter nicht mehr regelmäßig sehen konnte. Sie war sehr traurig und weinte viel in dieser Zeit.

Claudia versuchte ihre Mutter zu trösten und Elisabeth hatte doch noch sie, aber es war nicht dasselbe für Elisabeth. Natürlich liebte sie ihre Tochter, aber Lena war ihr Sonnenschein. Nichts würde jetzt wieder so sein, wie es gewesen war. Einen Tag vor Lenas Umzug gingen die drei Frauen noch einmal gemeinsam essen und Lena versprach ihnen, so oft nach Berlin zu kommen, wie sie es zeitlich einrichten konnte.

Nachdem sich Lena einige Wochen in Frankfurt eingelebt hatte und täglich mit ihrer Mutter und ihrer Großmutter telefonierte und ihnen erzählte, wie gut ihr die Stadt gefiel, wusste Claudia, dass sie sich um ihre Tochter keine Gedanken machen musste.

Lena war jetzt fast ein Jahr in Frankfurt und sie wohnte mit einer Spielerin aus ihrer Hockeymannschaft in einer Wohngemeinschaft zusammen. Zumindest glaubte das ihre Familie. In regelmäßigen Abständen fuhr sie nach Berlin, um ihre Mutter und ihre Großmutter zu besuchen. Meist übernachtete sie bei ihrer Großmutter.

Claudia wollte natürlich immer wissen, wie es ihrer Tochter in Frankfurt ging, und fragte sie ein wenig aus. Auch was die Liebe anging. Lena war inzwischen 27 Jahre alt und hatte immer noch keinen Freund. Claudia wünschte sich, irgendwann einmal selbst Großmutter zu werden, doch Lena erzählte nie etwas von Männern, die sie kennengelernt hätte. Als sie noch in Berlin lebte, lernte sie immer mal wieder junge Männer kennen, aber das waren nur kurze Beziehungen. Alberto machte Claudia gegenüber eine Andeutung, dass sich Lena gar nicht für Männer interessieren würde, das lag für ihn klar auf der Hand, doch Claudia wollte so etwas nicht hören und beließ es dabei, nicht weiter über dieses Thema zu reden. Nicht mit Alberto und schon gar nicht mit Lena. Doch eigentlich wollte sie schon wissen, was mit ihrer Tochter nicht stimmte.

Im Sommer 88 besuchte Lena für ein Wochenende wieder einmal ihre Familie in Berlin. Sie fuhr zuerst zu Elisabeth, um sie abzuholen, denn sie waren bei Claudia zum Essen eingeladen.

Doch nachdem sie bei Claudia eintrafen, wurde aus einem schönen Mittagessen nichts, denn es kam zum Eklat. Claudia konnte nicht abwarten, ihrer Tochter eine Frage in Ruhe und Bedacht zu stellen. Sie wollte wissen, ob Lena lesbisch sei. Als Lena ihr ihre Frage bejahte, brach für Claudia eine Welt zusammen. Sie machte sich Vorwürfe, in ihrer Erziehung etwas falsch gemacht zu haben, und sie würde nie Oma werden. Doch sie machte sich keine Gedanken, wie es Lena ging, immer mit einer Lüge leben zu müssen, sich mit Jungs getroffen zu haben, damit der Schein gewahrt blieb. Es war eine schlimme Auseinandersetzung, die zu nichts führte, denn Lena konnte sich nicht für ihren Lebensweg entschuldigen. Sie verließ mit Elisabeth die Wohnung ihrer Mutter und sie fuhren zu Elisabeth nach Hause. Ihre Großmutter machte ihr keine Vorwürfe, sie konnte sich nur nicht vorstellen, wie eine Verbindung zwischen zwei Frauen gelebt wurde.

Claudia konnte das Verständnis ihrer Mutter über diese Gegebenheit nicht teilen. Aber sie hatte nur zwei Tage Zeit, darüber nachzudenken, ob sie ihre Tochter so akzeptieren konnte, wie sie war, oder es aufs Spiel setzen würde, sie nie wieder zu sehen. Denn Lena wollte sich bei ihrer Mutter nie wieder melden, wenn sie ohne eine Aussprache wieder nach Frankfurt fahren würde.

Sonntagmittag rief Claudia bei Elisabeth an und wollte Lena und ihre Mutter zu einem Gespräch bei einem Essen in einem Restaurant bitten. Lena freute sich über Claudias Anruf und etwas später fuhr sie mit Elisabeth nach Charlottenburg. Als sie sich in Ruhe unterhielten und Claudia klar wurde, dass ihre Tochter ihr eigenes Leben, mit wem auch immer, leben musste und Lena nicht für ihre Träume und Wünsche verantwortlich war, wurde es noch ein schöner Tag und Lena konnte einige Stunden später erleichtert nach Frankfurt zurück fahren.

42

Ein halbes Jahr verging, ohne dass eine Katastrophe in Claudias Leben geschah. Allerdings machte sie sich Gedanken um Elisabeth. Ihr ging es seit einiger Zeit gesundheitlich nicht so gut, sie klagte immer mal wieder über Schwindelanfälle. Claudia verbrachte viel Zeit bei ihrer Mutter, aber sie fühlte sich hilflos, weil sie ihr nicht helfen konnte. Auch Ärzte, die sie hinzuzogen, konnten die Ursache nicht finden. Lena nahm sich für einige Tage Urlaub und kam nach Berlin, um ihre Mutter zu unterstützen.

Bei einem Einkauf mit ihrer Großmutter erlitt Elisabeth, mitten auf der Straße, einen Schwindelanfall und brach zusammen. Lena reagierte nicht panisch, sie setzte Elisabeth in ein Café, holte ihr Auto und fuhr sie sofort in ihre Wohnung. Sie kümmerte sich so gut es ging, doch am nächsten Morgen hatte Elisabeth einen Schlaganfall. Lena rief sofort einen Krankenwagen und Elisabeth wurde in ein Krankenhaus eingeliefert. Bei ihr wurde ein Hirntumor oberhalb der Stirn festgestellt, der gutartig und operabel war, doch die Ärzte mahnten zur Eile bei der Operation, da er weitere Ausfälle bei Elisabeth verursachen könnte. Nicht dass dieser Schock nicht schon genug war, ereilte Claudia einige Tage später der nächste. Ihr Hund Bingo lag im Badezimmer und bewegte sich nicht mehr. Sie fuhr so schnell sie konnte zum Tierarzt, aber dieser konnte nur noch den Tod feststellen. Bingo war an Altersschwäche verstorben.

Claudia war völlig fertig. Sie wusste nicht, woher sie die Kraft nehmen sollte, irgendetwas zu regeln. Lena war inzwischen wieder abgereist, weil sie arbeiten musste, und Alberto war ihr gar keine Hilfe. Er kümmerte sich meist um sein Kartenspiel, aber er gab ihr einhundert Mark für die „Entsorgung" des Hundes durch den Tierarzt und meinte nur: „So ist das Leben." Das half Claudia wenig. Sie konnte seine Gefühlskälte nicht verstehen, denn sie hing an dem Tier und Trost konnte sie in dieser Phase ihres Lebens gut gebrauchen.

Einige Tage später sollte Elisabeth operiert werden. Sie hatte große Angst, denn sie war inzwischen 78 Jahre alt und fragte Claudia immer wieder, ob sie jetzt sterben müsste. Aber Claudia beruhigte ihre Mutter so gut sie konnte und auch Lena rief an und wollte nach der Operation nach Berlin kommen. Sie hatte das Glück, einen Chef zu haben, der in ihrem Verein Tennis spielte und viel Verständnis für ihre familiäre Situation hatte.

Während der Operation saß Claudia in ihrer Küche und wartete auf einen Anruf aus dem Krankenhaus. Die behandelnden Ärzte hatten sie vor dem Eingriff gebeten nach Hause zu fahren, da es eine längere OP werden würde und sie zu Hause am besten aufgehoben war. Claudia war nervös. Sie trank einen Kaffee nach dem anderen, beobachtete die Uhr und wartete, dass das Telefon klingelte.

Nach sechs Stunden der Ruhe kam endlich der ersehnte Anruf. Der behandelnde Arzt teilte ihr mit, dass die OP gut verlaufen sei und sie Elisabeth am nächsten Tag besuchen könnte.

Claudia fuhr am nächsten Morgen ins Krankenhaus und konnte ihre Mutter auf der Intensivstation besuchen. Elisabeth erholte sich so gut, dass sie schon nach zehn Tagen auf die Normalstation verlegt werden konnte.

Doch einige Tage nach ihrer Verlegung verschlechterte sich Elisabeths Zustand. Sie erlitt eine Lähmung der linken Körperpartie und konnte keinen Satz mehr klar reden. Als am Wochenende Lena eintraf, erkannte Elisabeth sie im ersten Moment nicht. Sie wirkte sehr schwach und ohne Lebenswillen, doch ein Arzt teilte Claudia mit, dass sie sich keine Gedanken machen müssten, diese Veränderungen würden nach solch einer schweren Operation schon mal auftreten. Lena blieb einige Tage im Krankenhaus und unterstützte ihre Mutter bei der Pflege ihrer Großmutter. Doch sie musste Mitte der Woche zurück nach Frankfurt, da sie selbst eine Knieoperation vor sich hatte.

Nachdem sich der Zustand von Elisabeth bis Ende der Woche nicht verbessert hatte, sich aber auch nicht verschlechterte, wollte Claudia endlich den behandelnden Arzt sprechen und rief im Krankenhaus an.

Eine Krankenschwester informierte sie, dass der zuständige Arzt sich mit einer Grippe krank gemeldet hatte und seine Vertretung am Wochenende nicht abkömmlich war. Sie wurde auf Montag vertröstet. Claudia machte sich große Sorgen, ließ es aber Elisabeth nicht spüren. Als Claudia am Wochenende ihre Mutter besuchte, fiel ihr auf, dass Elisabeth glasige Augen hatte. Doch die Krankenschwester erklärte Claudia, dass die Medikamente sehr stark wären und die glasigen Augen verursachten. Das beruhigte Claudia kein bisschen. Sie versuchte ihre Mutter so gut es ging aufzumuntern und verabschiedete sich bis zum nächsten Tag. Elisabeth lächelte und sagte Tschüss. Claudia sah ihre Mutter nie wieder!

Am Morgen des nächsten Tages um 07:45 Uhr kam der Anruf aus dem Krankenhaus. Elisabeth hatte die Nacht nicht überlebt. Claudia konnte es nicht fassen und stand unter Schock. Sie schrie, weinte, schrie und weinte.

Sie musste ins Krankenhaus, um sich zu überzeugen, dass Elisabeth wirklich verstorben war, denn sie konnte es nicht glauben. Vielleicht hatten sich die Schwestern geirrt und es handelte sich um eine andere Person. Sie setzte sich in ihr Auto und fuhr weinend zum Krankenhaus. Doch das Bett in Elisabeths Zimmer war weg. Elisabeths behandelnder Arzt war wieder im Dienst und erklärte Claudia, dass ihre Mutter an einer Lungenembolie gestorben war. Er selbst konnte es auch nicht fassen, denn als er krank geworden war, war es Elisabeth recht gut gegangen. Er konnte sich die Verschlechterung eigentlich nicht erklären, doch auch das Mitgefühl des Arztes konnte Claudia nicht trösten. Plötzlich wurde sie ins Schwesternzimmer gerufen. Ein Telefonanruf. Lena war am anderen Ende der Leitung. Sie hatte zuvor bei der Arbeitsstelle ihrer Mutter angerufen, weil sie dachte, dass sie arbeiten würde, um sich bei ihr nach dem Gesundheitszustand ihrer Großmutter zu erkundigen. Doch der Chef ihrer Mutter hatte Lena gesagt, dass Claudia im Krankenhaus sei, weil ihre Großmutter verstorben war. Lena hatte diese Aussage für einen schlechten Scherz gehalten und rief sofort im Berliner Krankenhaus an.

Lena konnte kein Wort mit Claudia reden, weil sie nur weinte, schluchzte und schrie. Für Lena war es ein Schock. Sie stand in einem Frankfurter Krankenhaus mit einem operierten Knie, den Telefonhörer am Ohr und am anderen Ende eine in Tränen aufgelöste Mutter. Sie konnte nichts tun. Diese Hilflosigkeit war entsetzlich. Sie hätte ihre Oma noch einmal sehen wollen, sie wollte ihre Mutter trösten, selbst getröstet werden. Doch nichts war möglich, Claudia musste allein klarkommen und alles regeln.

Die Wohnungsauflösung, die Beerdigung und was dazugehörte. Sie erledigte alles wie in Trance und es war klar, dass sie sehr, sehr lange brauchen würde, um über den Verlust ihrer Mutter hinwegzukommen.

43

Nachdem die Beerdigung vorüber war, fragte Claudia Alberto, ob sie nach Bad Pyrmont fahren könnten. Sie musste raus aus Berlin und etwas Abstand zu dem Geschehenen bekommen. Alberto und Claudia reichten ihre Urlaubstage ein und vier Wochen später machten sie sich auf den Weg nach Bad Pyrmont.

Claudia war klar, dass Alberto sicher ins Spielcasino wollte, aber es war ihr egal. Es gefiel ihr in Bad Pyrmont, daher ging sie das Risiko ein. Doch zu Claudias großer Überraschung hielt sich Alberto sehr zurück und verspielte und erspielte nur geringe Beträge. Die ersten Tage wurden tatsächlich erholsam.

Doch nach einer Woche fing Alberto plötzlich an Claudia zu drängen, mit ihm nach Bad Harzburg zu fahren. Erst dachte sie an einen Ortswechsel, um noch andere Städte in der Nähe kennenzulernen. Allerdings teilte Alberto ihr mit, dass er in das dortige Spielcasino wollte. Claudia war damit nicht einverstanden, sie stritten, doch am Ende setzte Alberto seinen Willen durch. Claudia wollte keinen Streit mehr in ihrem Urlaub und ihr wurde immer bewusster, dass Alberto nie vom Spielen loskommen würde.

Sie brachen am nächsten Morgen nach Bad Harzburg auf. Als sie dort ankamen, fuhr er nicht in ein Hotel, sondern direkt in die Spielbank. Es dauerte eine halbe Stunde, dann hatte Alberto 3.000 Mark verspielt. Claudia war geschockt, denn sie wusste nicht, dass er so viel Geld bei sich hatte. Der Tag war gelaufen. Aber Claudia war nicht einmal mehr in der Lage, sich länger als nötig über ihren Ehemann aufzuregen. Sie wollte nur noch weg, sie wollte nach Hause. Kaum in Bad Harzburg angekommen, fuhren sie direkt zurück nach Berlin. Einige Tage später wollte Claudia ins Tierheim Lankwitz fahren und bat Alberto, sie zu begleiten, denn sie wollte wieder einen Hund. Sie vermisste die langen Spaziergänge, den Austausch mit anderen Hundehaltern und die Ruhe, um eigenen Gedanken nachzugehen.

Alberto fuhr sie ins Tierheim, sagte ihr aber direkt, dass er den neuen Hund nicht bezahlen konnte. Er war pleite und beide wussten, warum. Aber Claudia hatte ihr eigenes Geld und der Hund sollte auch nur ihr gehören und sie über ihr nicht intaktes Eheleben hinwegtrösten. Als sie den Rundgang im Tierheim begannen, sah Claudia ihn sofort. Er stand in seiner Box und schaute Claudia nur an. Der Hund war ein etwa neun Monate alter Mix zwischen Schäferhund, Dobermann und Windhund. Alberto hatte seine Einwände, weil der Hund noch nicht ausgewachsen war, und es stand fest, dass er recht groß werden würde. Aber für Claudia war klar: diesen Hund oder keinen.

Als alle notwendigen Formalitäten mit dem Tierheim abgeklärt waren, konnte sie Bac, wie sie ihn taufte, mitnehmen. Am nächsten Tag ging Claudia im Tiergarten, einem sehr großen Berliner Park, in dem Hunde frei laufen durften, das erste Mal mit Bac spazieren. Obwohl sie das Verhalten von Bac noch nicht kannte, ging sie das Risiko ein und ließ ihn von der Leine. Sie hatte schon etwas Sorge, dass er ihr weglaufen könnte, aber er drehte voller Freude einige Runden in Sichtweite, kam zurück und wich Claudia nicht mehr von der Seite.

Es war für beide eine schöne Zeit und wieder einen Hund an der Seite zu haben, entschädigte für so einiges.

∞∞

44

Das Jahr 1995 neigte sich langsam dem Ende und es war bald Weihnachten. Lena rief ihre Mutter an und fragte, ob sie mit ihrer neuen Freundin die Feiertage bis Silvester, bei ihr und Alberto verbringen konnte. Claudia freute sich und sie würde dann auch Lenas Freundin kennenlernen.

Heiligabend trafen Lena und ihre Freundin Annika in Berlin ein. Annika wohnte in Köln und lebte mit Lena, die immer noch in Frankfurt wohnte, eine Wochenendbeziehung. So waren die Feiertage das erste längere Zusammensein für die beiden. Annika überreichte Claudia einen Präsent-Korb mit vielerlei leckeren Dingen als Begrüßungsgeschenk. Claudia bedankte sich, aber es gab auch etwas, was sie an Annika störte. Sie konnte noch nicht erklären, was es war, würde aber wachsam bleiben.

Der Abend verging und Claudia beobachtete Annika genau. Claudia gab sich viel Mühe, damit es ein gelungenes Weihnachtsfest werden würde, doch es wollte einfach keine Stimmung aufkommen. Ihr fiel auf, dass Annika ihr während der Unterhaltungen nie in die Augen schaute, sondern sich immer zu Lena hinwandte. Claudia empfand es als sehr unhöflich und sie hatte das Gefühl, dass Annika sie nicht mochte.

Nach dem Essen stellte Claudia noch einige Flaschen Wein bereit. Zum Leidwesen von Lena trank Annika recht schnell und viel und so dauerte es nicht lange und Annika konnte keinen Satz mehr klar formulieren. Während Lena ihre Freundin bat, doch mit dem Trinken aufzuhören, schmiss Annika ihr Glas um. Jetzt reichte es Lena. Sie forderte Annika auf, mit ihr eine Runde um den Block zu gehen, damit sie wieder einen klaren Kopf bekommen würde. Als die beiden Frauen auf dem Weg nach unten waren, nahm Lena noch die Mülltüte mit. Sie gingen zum Müllhäuschen, das circa fünfzig Meter vom Hauseingang entfernt war, und Lena warf die Tüte in den überfüllten Container. Als die Tüte wieder herauszurollen drohte, drückte Lena sie tiefer in den Container hinein. Dabei riss die Tüte auf und ein Dosendeckel schnitt tief in Lenas Handballen.

Das konnte doch jetzt nicht sein. Heiligabend und Lena stand mit einer stark blutenden Hand und einer völlig betrunkenen Freundin auf Berlins Straßen. Schlimmer konnte es wohl nicht mehr kommen, dachte sie. Doch es kam schlimmer!

Denn in der Zeit, in der Lena mit dem Müll beschäftigt war, wurde Annika übermütig und balancierte auf einer kleinen Mauer herum. Sie rutschte ab, schlug mit dem Knie auf und verletzte sich erheblich. Annika wurde hysterisch und schrie. Lena drehte sich herum und lief zu der schreiend auf dem Boden liegenden Annika, aber sie schaffte es nicht, sie hochzuheben, da ihre Hand immer stärker blutete. Es war 01:00 Uhr nachts und Lena hoffte, dass ihre Mutter sie vermissen und nach ihr suchen würde. Doch die Straße blieb leer und dunkel.

Es waren 45 Minuten vergangen, seit die beiden nach draußen gegangen waren, und es war sehr kalt. Claudia machte sich inzwischen Gedanken, wo Lena und Annika abblieben, und bat Alberto nach ihnen zu schauen. Wenige Minuten später kam Alberto aufgeregt in die Wohnung gerannt, um seine Autoschlüssel zu holen. Er beruhigte Claudia und erzählte ihr, was passiert war, dann fuhr er mit beiden Frauen ins nächstgelegene Krankenhaus. Lenas Wunde an der Hand musste genäht werden, doch sie hatte großes Glück – wenige Zentimeter tiefer und sie hätte sich eine Sehne durchtrennt.

Annika hatte eine Platzwunde unterhalb des rechten Knies erlitten und konnte aufgrund ihres Alkoholpegels keine Betäubung bekommen, als der Arzt ihre Wunde nähte. Mit Gehhilfen konnte Annika das Krankenhaus wieder verlassen. So hatten sich alle Beteiligten das Weihnachtsfest nicht vorgestellt, aber Claudia wunderte gar nichts mehr. Waren ihre Festtage in der Vergangenheit nicht immer in einem Chaos geendet …?

Am nächsten Tag sah die Welt nicht viel besser aus. Lenas Hand schmerzte und Annikas Knie ging es auch nicht viel besser. Doch das war Lena egal. Sie war von Annika dermaßen enttäuscht, dass sie ihre Freundin bat, am nächsten Tag nach Hause zu fahren. Annika konnte es kaum glauben, aber die eisige Stimmung, die von Lena ausging, ließ keinen Zweifel an ihrer Entscheidung aufkommen. Einen Tag später brachte Lena Annika zur Bahn.

Claudia mochte Annika nicht sonderlich und das Geschehene untermauerte ihr Empfinden, doch nun tat sie ihr auch leid. Sie wusste nicht, dass ihre Tochter in der Lage war, so harte Entscheidungen zu treffen. Annika würde nun allein in ihrer Kölner Wohnung Silvester verbringen, mit einem dicken Knie und Gehhilfen. Das konnte Lena allerdings überhaupt nicht beeindrucken, denn mit Alkohol hatte Lena in ihrer Kindheit schon genug Schlechtes erlebt. Sie brauchte keine Freundin, die sich dem Alkohol ungebremst hingab. Doch Claudia konnte ihre Tochter überreden, Annika anzurufen, um sie zurückzuholen. Einen Tag vor Silvester kam Annika wieder zurück nach Berlin.

Silvester verlief ruhig und entspannt. Doch Annika war anzumerken, dass ihr der Vorfall peinlich war und sie bemühte sich sehr, nicht unangenehm aufzufallen. Aber auch Claudia konnte sich bemühen, wie sie wollte, sie wurde mit Annika nie richtig warm.

Nachdem das neue Jahr ohne Zwischenfall begann, fuhr Annika mit dem Zug zurück nach Köln und Lena mit dem Auto nach Frankfurt. Ein viertel Jahr später zog Lena zu Annika nach Köln. Claudia konnte diese Entscheidung überhaupt nicht teilen, denn sie war der Meinung, dass die zwei nicht zusammen passten. Doch ihre Meinung war nicht gefragt und sie wollte sich auch nicht in das Leben ihrer Tochter einmischen.

Im Sommer besuchte Claudia Lena in ihrer neuen Wohnung in Köln. Aber an ihrem Verhältnis zu Annika änderte sich nichts und auch Annika mochte Lenas Mutter nicht und ließ es sie auch spüren, indem sie Claudia meist ignorierte. Es blieb vorerst Claudias einziger Besuch in Köln.

45

Claudia war inzwischen seit elf Jahren bei ihrer Firma beschäftigt und spielte mit dem Gedanken zu kündigen. Ihr Rücken bereitete ihr nach einem Bandscheibenvorfall und einer anschließenden Operation weiterhin Probleme. Nach einer längeren Behandlung reichte sie ihre frühzeitige Rente ein und ihr wurde auf einer Seite klar, dass sie nicht mehr im Berufsleben stehen würde, aber auf der anderen Seite, dass sie endlich zur Ruhe kommen könnte. Nach vielen Untersuchungen durch die zuständigen Ämter wurde ihr Antrag bewilligt. Claudia freute sich, denn nun hatte sie endlich Zeit für sich und ihren Hund. Doch als ihr letzter Arbeitstag anstand und sie Abschied von ihren Kollegen nehmen musste, merkte sie erst, wie schwer es ihr fiel. Nun begann in ihrem Leben ein neuer Abschnitt.

Die Beziehung zu Alberto war so gut wie vorbei. Sie musste nur den Mut finden, sich eine eigene Wohnung zu suchen, um endlich allein leben zu können. Wenige Tage später rief Lena an und teilte ihrer Mutter mit, dass sie mit Annika ein Haus in Kerpen-Buir nahe Köln gemietet hatte.

Lena wusste, dass ihre Mutter unglücklich in Berlin war und mit ihrem Mann nur noch auf dem Papier verheiratet war. Sie bot ihrer Mutter an, mit in das Haus zu ziehen, und sie beide würden sich freuen. Lena betonte extra „beide".

Claudia war sich unsicher. Einerseits wusste sie nicht, was sie noch in Berlin sollte, andererseits konnte sie sich nicht vorstellen, dass das Zusammenleben mit Annika unter einem Dach unproblematisch sein sollte.

Aber Claudia war immer schon eine spontane Persönlichkeit gewesen und somit sprach sie mit Alberto. Da sie sich sowieso von ihm trennen wollte, fiel es ihr leichter, ihn vor vollendete Tatsachen zu stellen. Alberto war fassungslos. Wie konnte sie ihn und auch noch Berlin verlassen? Ihm war egal, wie ihre Beziehung lief, sie waren beide wenigstens nicht allein. Aber das war Claudia zu wenig, so stellte sie sich eine Beziehung nicht vor. Sie ließ sich nicht umstimmen, denn ihr war in den letzten Jahren klar geworden, wie allein man auch zu zweit sein konnte.

Lena organisierte den Umzug, und da sie zu Alberto nie ein schlechtes Verhältnis gehabt hatte, half er sogar beim Verstauen der Möbel in den Möbelwagen. Der Abschied zwischen Claudia und ihrem Mann war kurz und kühl.

Auf der Fahrt nach Köln glaubte Claudia zum wiederholten Mal, auf dem Weg in ein besseres Leben zu sein. Als sie gegen Nachmittag in Kerpen-Buir ankamen, war Claudia begeistert von dem großen Garten und dem schönen Haus. Sie hatte zwei Zimmer im ersten Stock und sie freute sich über die kleine Aufmerksamkeit zur Begrüßung, die Annika auf den Tisch in ihrem Zimmer gestellt hatte. Einen kleinen Blumenstrauß und ein Spielzeug für den Hund, denn Annika liebte Hunde, daher hatte sie auch an Bac gedacht. Sie selbst musste noch arbeiten, dadurch konnte Claudia sich in aller Ruhe das Haus anschauen.

Als Annika am späten Abend ins Haus kam, war die Begrüßung der beiden Frauen doch nicht so herzlich, wie Lena es erhofft hatte; es würde wohl eine Zeit lang dauern, bis sie sich mögen würden. Jedenfalls hoffte Lena, dass sie sich überhaupt je mögen würden. Doch für Claudia wurde schnell klar, dass sich ihr Verhältnis zu Annika nicht ändern würde. Warum war sie nur mit in dieses Haus gezogen? Sie hasste sich für ihre ewige Spontanität. Aber sie wollte sich, ihrer Tochter und Annika eine Chance geben.

Ende Juni hatte Lena Geburtstag. Und auch der von Claudia und Annika stand an. Das Kuriose war, dass beide am selben Tag Geburtstag hatten. Lena bereitete ein leckeres Essen zu und bemühte sich sehr, dass die Stimmung auflockerte. Aber sie war bedrückend. Obwohl Annika und Claudia sich, aufgrund von Annikas Arbeitszeiten, nur selten sahen, versuchten sie erst gar nicht, aufeinander zuzugehen. Sie mieden sich. Claudia war froh, als das Essen beendet war und sie sich in ihr Zimmer zurückziehen konnte. Claudia wohnte jetzt seit vier Wochen in Kerpen-Buir und wollte sich mehr in der Gegend umsehen. Schnell war ihr Rundgang beendet, denn Buir bot, außer einem Bäcker und einem kleinen Supermarkt, nichts Nennenswertes.

Es war um die Mittagszeit und kein Mensch hielt sich auf der Straße auf, sie war in der absoluten Einöde angekommen. Die Menschen versteckten sich scheinbar in ihren Häusern oder standen hinter den Gardinen, denn sie konnte erkennen, wie sie sich bewegten, wenn sie mit Bac vorbeilief.

Eine Woche war unendlich lang, denn sie sah den gesamten Tag niemanden. Lena musste arbeiten. Sie war im Nebenjob inzwischen Hockeytrainerin und kam oft erst am Abend nach Hause. Außer sich um Bac zu kümmern oder ein wenig Gartenarbeit zu betreiben, hatte sie keine Aufgabe. Das ständige Gefühl durch Annika, nicht willkommen zu sein, war genauso unangenehm wie das Zusammenleben mit Alberto.

Das sollte also ihr Ruhestand sein? Damit wollte Claudia sich nicht abfinden; es musste irgendetwas geschehen.

Wenn Annika nach Hause kam, sprachen sie und Claudia kaum ein Wort miteinander. Zu Beginn ihres Zusammenlebens deckte Annika den Frühstückstisch noch für Claudia mit, doch von heute auf morgen war damit Schluss. Was hatte Claudia dieser Frau eigentlich getan und warum war sie damals dafür gewesen, dass Claudia nach Buir zog, wenn sie sie dann mied? Diese Fragen stellte Claudia ihrer Tochter, doch Lena konnte sich das auch nicht erklären. Sie sprach mit Annika, aber die entschuldigte ihr Verhalten nur mit ihrem Arbeitsstress. Claudia wollte sich aber nicht unterkriegen lassen. Bei einem ihrer Spaziergänge sah sie ein Schild, das in der ansässigen Bäckerei aushing. Es wurde eine Aushilfe gesucht. Claudia stellte sich direkt vor und bekam den Job. Sie konnte schon am nächsten Tag anfangen, obwohl sie noch keine Erfahrungen im Backen von Brot und Brötchen hatte. Die Backware wurde schon vorgebacken geliefert, sie musste nur noch in den Ofen geschoben werden.

Claudia lernte auch schnell den Umgang mit der Computerkasse. Es machte ihr viel Spaß und ihr Tag war ausgefüllt, zu ihren Kolleginnen entwickelte sich ein guter Kontakt. Doch auch wenn es ihr im Moment gut ging, war Claudia vorsichtig. Sie wusste: Immer, wenn es in ihrem Leben geradeaus ging, kam unvermutet eine Kurve. Und diese sollte gar nicht lange auf sich warten lassen!

∞

46

Es ging auf den Herbst zu und es wurde so langsam kühl. Claudia wollte sich eine warme Milch zubereiten und ging in die Küche, um sich eine Tasse aus dem Hängeschrank zu holen. Als sie nach der Tasse griff, kippte sie sich eine Flüssigkeit über den Pulli. Claudia nahm an, dass Annika oder Lena Wasser in der Tasse vergessen haben mussten, doch ihr Pulli hatte einen merkwürdigen Geruch. Es roch ganz dezent nach Alkohol. Claudia konnte ihre Tochter ausschließen, da sie keinen Schnaps trank. Ihr Verdacht fiel auf Annika. Nur warum versteckte sie Schnaps in einer Tasse?

Nachdem Lena nach Hause gekommen war, sprach Claudia ihre Tochter direkt an. Lena konnte es nicht fassen! Als Annika ebenfalls von der Arbeit nach Hause kam, gab es eine lautstarke Auseinandersetzung zwischen den beiden, doch Annika stritt alles ab und beteuerte mehrfach, dass sie den Alkohol nicht in die Tasse gefüllt hatte. Wem sollte Lena jetzt glauben? Claudia war entsetzt – glaubte Lena etwa, dass sie trank und es Annika unterschieben wollte? Claudia hatte ab diesem Moment keine gute Zeit mehr. Annika schikanierte sie, wie sie nur konnte, allerdings nie im Beisein von Lena. Claudia war der Verzweiflung nahe und wusste kaum einen Ausweg. Sie erzählte Lena ständig von ihren Auseinandersetzungen mit Annika. Lena glaubte ihrer Mutter auch und konfrontierte Annika ständig mit den Vorwürfen ihrer Mutter, doch Annika dementierte jegliche Anschuldigungen. Lena saß zwischen zwei Stühlen und sie entschied, für ein paar Tage mit Annika wegzufahren, damit die Wohnsituation für eine kurze Zeit entzerrt wurde. Eine Woche später nahmen sie sich für eine Woche eine Auszeit.

Für Claudia gab es nur eine Möglichkeit, die sie aber ungern in Betracht zog. Sie musste Alberto um Hilfe bitten. Claudia rief ihn an und zu ihrer Überraschung war er sehr nett und verständnisvoll. Sie bat ihn, sie zu besuchen, und eine Woche später holte Lena Alberto vom Bahnhof in Kerpen-Buir ab. Als Alberto und Claudia sich gegenüberstanden, waren sie sich einen Augenblick recht fremd, selbst Bac war auf Distanz. Doch dann brach Claudia in Tränen aus, denn sie wollte nur noch weg aus diesem Haus und von diesem Ort. Sie schlug vor, mit ihm in das einzige Restaurant im Ort zu gehen, um miteinander zu besprechen, wie es weitergehen sollte. Nachdem sie im Restaurant der Kellnerin ihre Bestellung mitgeteilt hatten, wollte Claudia Alberto die Situation erklären und ihm sagen, dass er sie mit nach Berlin nehmen und sich nach einer Wohnung für sie umschauen sollte. Aber er war so aufgedreht, Claudia wieder in seiner Nähe zu haben, dass er ununterbrochen redete, über die gemeinsame Zukunft sprach und ihr anbot, mit in sein Apartment zu ziehen. Als Claudia ihm endlich ins Wort fallen konnte, sagte sie ihm, dass ihr Beisammensein nur für eine kurze Zeit sein würde und sie keine Zukunft hätten. Auch sein Apartment konnte keine Lösung auf Dauer sein. Alberto hatte seine große Wohnung aufgeben müssen, da er sie alleine nicht hatte unterhalten können, nachdem Claudia ausgezogen war. Sein Apartment war nur vierzig Quadratmeter groß, viel zu klein für zwei Personen, aber für eine kurze Zeit würde es sicher gehen. Er war einverstanden, auch wenn er es sich anders erhofft hatte, als sie ihn angerufen und zu sich nach Kerpen bestellt hatte. Alberto blieb noch einige Tage und fuhr wieder zurück nach Berlin, um den Umzug zu organisieren. Als Lena und ihre Freundin zurück aus ihrem Urlaub kamen, teilte Claudia ihr direkt mit, dass sie wieder nach Berlin gehen würde, da sie mit Annika nie klarkommen würde.

Lena konnte ihre Entscheidung nachvollziehen und half ihrer Mutter wenige Tage später wieder beim Packen. Als Claudia in der Wohnung von Alberto ankam, war sie schon sehr erschrocken. Sie kam von einem 180-Quadratmeter-Haus nun in ein Apartment von ungefähr 40 Quadratmeter. Es gab eine kleine Küche, ein kleines Bad und eine Schlafnische. Das bedeutete, sie musste ihr Bett wieder mit Alberto teilen. Aber sie wollte nur für eine kurze Zeit ein Dach über dem Kopf haben und dafür musste es reichen. Doch aus der kurzen Zeit wurden vier Jahre!

Claudia bemühte sich sehr eine Wohnung zu finden, aber es scheiterte bei den Wohnungsbesichtigungen immer daran, dass entweder keine Haustiere erwünscht waren, die Mieten zu hoch waren oder sie ein zu geringes Einkommen hatte. Claudias Vergangenheit holte sie wieder ein, sie brauchte, wie schon so oft, eine Arbeitsstelle. Nach langem Suchen fand sie wieder einen Job, der gut bezahlt wurde und bei dem sie nur zwei Tage in der Woche arbeitete.

Seit Claudia wieder berufstätig war, wurde es mit Alberto immer schwieriger. Er hielt sich nicht an gemeinsame Absprachen, was den Haushalt und Zuneigungen betraf. Für Claudia bestand die Ehe nur noch auf dem Papier, aber Alberto sah sie als seine zurückgekehrte Ehefrau an.

Weil er sich nur noch mit Gelegenheitsjobs über Wasser hielt, schlief er bis mittags, setzte sich dann vor den Fernseher und ließ sich bedienen. Aber auch auf Claudias eheliche Pflichten wies er sie hin, doch die erfüllte sie ihm nicht. Es war eine schreckliche Zeit für sie. Sie hatte keine Ausweichmöglichkeit in der kleinen Wohnung. Das zehrte an ihren Nerven und es kam immer öfter zwischen ihnen zum Streit. Ein halbes Jahr später bekam sie Post von einem Kreditinstitut, in der stand, dass sie die Schulden ihres Bruders Jörg in Höhe von 30.000 Mark zu bezahlen hätte. Claudia konnte es nicht fassen. Ihr war einfach nicht klar, warum immer nur sie schlechte Nachrichten erhielt. Sie konnte sich dieses Schreiben nicht erklären, da sie seit mehreren Jahren keinen Kontakt mehr zu ihrem Bruder hatte, und rief direkt bei der Bank an. Sie erfuhr, dass ihr Bruder verstorben sei und sie für die ausstehenden Schulden aufkommen sollte. Claudia war geschockt; sie hatte ja keine Ahnung, wie sie jetzt vorgehen musste, wollte die näheren Umstände zu Jörgs Tod erst einmal in Erfahrung bringen und ging zur Polizei. Dort teilte ihr der zuständige Beamte mit, dass Jörg vier Wochen zuvor tot in seiner Wohnung aufgefunden worden war, in der er ungefähr vierzehn Tage gelegen hatte. Claudia war erschüttert. Zwar liebte sie ihren Bruder nicht sonderlich und sie waren im Laufe der Jahre im Streit auseinandergegangen, aber er war ihr Bruder und sie wünschte niemandem solch einen einsamen Tod.

Der Polizist riet Claudia, zum Nachlassgericht zu gehen, denn dort könnte sie das unangenehme Erbe ablehnen. Sie machte sich sofort auf den Weg, denn sie hatte nur noch vierzehn Tage Zeit, sich um die Angelegenheit zu kümmern.

∞∞

47

Nachdem Claudia ausgezogen war, wurde das Haus für Lena und Annika auf Dauer zu groß und zu teuer. Sie hatten als Vollzeitbeschäftigte auch keine Zeit mehr, sich um den großen Garten zu kümmern, und entschlossen sich das Haus zu kündigen. Das gefiel ihrem Vermieter überhaupt nicht und es gab jede Menge Ärger mit ihm, der so weit ging, dass er die Mietkaution einbehalten wollte. Dieser Streit endete vor Gericht, den Lena aber problemlos gewann.

Nachdem sie ihr Geld von ihrem Vermieter mit Zinseszins zurückerhalten hatte, nahm sie sich mit ihrer Freundin eine Wohnung in Kerpen-Horrem. Dort blieb sie mit Annika ein Jahr. Doch die tägliche Fahrt zu ihrer Arbeitsstelle in der Nähe von Frankfurt am Main, die eineinhalb Stunden dauerte, war auf Dauer zu stressig. Ein weiteres Jahr später zogen die beiden Frauen direkt nach Köln. Die Entfernung für Lena blieb dieselbe, aber sie hatte sich schon um eine neue Arbeitsstelle in Köln und Umgebung bemüht.

Sie fühlten sich in Köln sehr wohl, allerdings empfand Lena das Zusammenleben mit Annika nicht mehr als so angenehm wie noch vor zwei Jahren. Lena hatte das Gefühl, dass die Alkoholgeschichte, die in Buir begonnen hatte, noch nicht vom Tisch war. Sie wurde zwar von beiden nicht mehr angesprochen, war für Lena aber immer noch präsent. Durch ihre Erfahrungen im Kindesalter mit ihrem Stiefvater hatte sie sehr feine Antennen für Menschen, die Alkohol unkontrolliert konsumierten, es aber zu vertuschen versuchten. Immer öfter hatte Annika ein Pfefferminzbonbon im Mund und glasige Augen.

Eines Abends, Lena verabschiedete sich zu Bett und Annika blieb noch im Wohnzimmer, erwischte sie ihre Freundin beim heimlichen Trinken einer Flasche Wein. Als Lena nochmals die Wohnzimmertür öffnete, versuchte Annika die Flasche Wein blitzschnell hinter dem Sofa zu verstecken, aber Lena bekam es mit. Annika stritt ab, dass sie heimlich trinken würde, und ihre Erklärung war weniger als mittelmäßig. Am nächsten Tag fand Lena vier leere Weinflaschen im Mülleimer, aber auch den Besitz dieser Flaschen stritt Annika ab. Nur wie kamen dann die Flaschen in ihre Mülltonne? Von der Straße aus waren ihre Mülltonnen nicht sichtbar und auch nicht zu erreichen. Für Lena war es klar, Annika hatte ein Alkoholproblem, das sie nicht zugeben wollte. Lena konnte so nicht leben. Zu lange hatte sie mit ihrem Stiefvater die Alkoholexzesse durchlebt und sie wusste, das wollte sie nicht noch einmal erleben, auch nicht mit Annika. 1999 trennte sich Lena von ihr, nach vier Jahren.

Einige Monate später rief Lena ihre Mutter an und erzählte ihr, dass sie wieder eine Freundin hatte und sehr glücklich war. Claudia war froh über diese Nachricht und wünschte ihr viel Glück.

∞∞

48

Auch Barney meldete sich wieder. Er war in den USA fünf Jahre verheiratet gewesen und inzwischen wieder geschieden.

Während seiner Ehe hatte er nichts von sich hören lassen, nun hatte er wohl ein schlechtes Gewissen und versuchte mit höheren Geldbeträgen, die er zum Geburtstag und zu Weihnachten schickte, die letzten Jahre vergessen zu machen. Claudia kam das sehr zugute, denn so konnte sie auf ihre Wohnung sparen. Diesen Traum hatte sie noch nicht aufgegeben.

Claudia fiel ein, dass sie noch persönliche Dinge bei ihrem Ex-Mann Gerd zurückgelassen hatte. Fotos und Geschirr wollte sie ihm nicht überlassen und daher beschloss sie, ihn sofort aufzusuchen. Sie fuhr nach Zehlendorf und klingelte an seiner Haustür. Als niemand öffnete, ging sie um das Haus herum und wunderte sich, dass die Gardinen abgehängt waren. Plötzlich rief eine Männerstimme hinter ihr ihr etwas zu. Sie drehte sich um und ein Nachbar kam näher und fragte Claudia, ob sie zu dem Mieter dieser Wohnung wollte. Als Claudia bejahte und ihm sagte, dass sie Gerds Ex-Frau sei, teilte er ihr mit, dass Gerd vor einigen Monaten verstorben war. Er war am Zehlendorfer Bahnhof aus dem Zug gestiegen, hatte sich auf eine Bank gesetzt und war gestorben. So überrascht wie nach der Todesnachricht ihres Bruders war sie nicht mehr und es berührte sie auch nicht sonderlich, denn er hatte ihr in den zwanzig Ehejahren zu viel Leid angetan. Ihre Gegenstände waren natürlich nicht mehr in der Wohnung, da seine Angehörigen die Wohnung hatten räumen lassen. Sie hatten Gerds Leichnam in seinen Geburtsort überführt und ihn dort beerdigen lassen.

49

Anfang 2001 rief Lena ihre Mutter an und erzählte ihr, dass sie ihn Hürth bei Köln eine schöne Wohnung für sich und ihre Freundin gefunden hatte. Claudia freute sich für ihre Tochter und versprach ihr, sie baldmöglichst zu besuchen. Doch jetzt war Claudia erst einmal damit beschäftigt, sich auf ihr Leben zu konzentrieren. Sie brauchte mal wieder eine eigene Wohnung und durchstöberte die Zeitungen. Nach zwei Wochen hatte sie ein passendes Objekt gefunden. Der Mietvertrag war schnell unterschrieben und es überraschte sie sehr, dass alles so reibungslos ablief, sogar ihr Hund Bac durfte mit einziehen. Mit dem gesparten Geld, das sie von Barney erhalten hatte, kaufte sich Claudia neue Möbel. Nun konnte sie endlich, ohne verbale Demütigungen durch Alberto ertragen zu müssen, glücklich mit ihrem Hund leben. Dieses Gefühl kannte sie schon lange nicht mehr.

Von Alberto trennte sie sich endgültig. Sie wollte auch keinen losen Kontakt zu ihm, obwohl er nur zwei Straßen weiter in Charlottenburg wohnte. Wenn sie sich auf der Straße begegneten, sprachen sie kein Wort miteinander. Von Bekannten erfuhr Claudia, dass Alberto einige Wochen nach ihrem Auszug einen Schlaganfall erlitten hatte. Aber auch das berührte sie nicht mehr. Zu viel hatten ihr Männer angetan, immer wieder ihre Gutmütigkeit und Spontanität ausgenutzt, sodass sie kein Mitleid mehr mit ihnen hatte.

50

Im Juni 2001, Claudia fing an, sich in ihrer neuen Wohnung einzuleben, meldete Lena sich telefonisch bei ihr. Sie bat ihre Mutter, sie in Köln zu besuchen, weil Barney sich angekündigt hatte. Lenas Geburtstag stand bevor und auch Claudias, das war ein Grund, dass sich die kleine Familie mal wieder treffen könnte. Claudia gefiel der Gedanke und am nächsten Tag buchte sie einen Flug nach Köln. Ihren Hund konnte sie bei einer Bekannten unterbringen.

Eine Woche später kam Claudia in Köln am Flughafen an und Lena erwartete sie schon. Fast zur selben Zeit landete Barney, aus Chicago kommend. Als sie aufeinander zugingen, war sie erschrocken. Das konnte doch nicht Barney sein? Vor ihr stand ein gebrechlich wirkender, alter Mann, aber er war erst 66 und da fing, bekanntlich, das Leben erst an. Claudia ließ sich nichts anmerken und sie begrüßten sich sehr herzlich.

Nachdem sie bei Lena angekommen waren und sich die Wohnung angeschaut hatten, setzten sie sich auf den Balkon und Barney erzählte, dass sein Gesundheitszustand nicht der beste wäre, aber davon wollte er sich bei seinem Aufenthalt in Deutschland nicht beeinflussen lassen. Er genoss das Beisammensein, sie feierten Lenas und zwei Tage später Claudias Geburtstag und hatten miteinander viel Spaß. Nach einigen Tagen flog Claudia wieder zurück nach Berlin und sie versprachen sich, in Kontakt zu bleiben und sich bald wiederzusehen.

Drei Jahre später erfuhr Claudia, dass sich Barney einer Bypassoperation unterziehen musste, die er wohl gut überstanden hatte. Allerdings meldete er sich nach der OP nicht mehr bei Claudia oder Lena. Was passiert oder nicht passiert war, konnten sie nie in Erfahrung bringen. Auch auf ihre Briefe bekam Lena keine Antwort mehr. 2005 informierte Lena ihre Mutter, dass sie sich von Vera wegen einer anderen Frau getrennt hatte. Claudia konnte es nicht glauben, denn sie mochte Vera sehr gern. Umso erstaunter war sie, dass ihre Tochter ihr gleich eine neue Freundin präsentierte.

Lena wollte Claudia ihre neue Freundin Nathalie vorstellen und besuchte sie in Berlin. Als Claudia die junge Frau sah, traute sie erst ihren Augen nicht. Rein optisch passte sie überhaupt nicht zu ihrer Tochter und Lena konnte die Gedanken ihrer Mutter lesen. Doch sie fand, dass nicht immer der äußere Eindruck entscheidend war, denn sie würden sich sehr gut verstehen und miteinander harmonieren. Claudia teilte Lenas Meinung nicht ganz, doch die junge Frau war wirklich nett. Lena zeigte Nathalie Berlin und zu dritt verbrachten sie noch eine ganz schöne Woche.

Nachdem die beiden Frauen wieder abgereist waren, kamen neue Sorgen auf Claudia zu. Unter ihren Arbeitskollegen ging das Gerücht um, dass Stellen abgebaut werden und die Halbtagskräfte zuerst gehen sollten. Da sie eine von den Halbtagskräften war, schlief sie keine Nacht mehr durch und auf ihre Fragen bekam sie vom Chef keine Antwort. Nach einigen Tagen bekamen dann alle Angestellten ihre Antwort. Sie wurden gekündigt.

Claudia durfte einen Monat länger bleiben als andere Kollegen, die schon am Ende der Woche ihre Papiere abholen mussten. Ihr wurde nun klar, dass sie aufgrund ihres Alters keinen neuen Job mehr finden würde, also hieß es für sie sparen, sparen, sparen. Und das war von ihrer kleinen Rente sehr schwierig, vor allem, nachdem sie eine Mieterhöhung bekam. Es war zum Verzweifeln.

51

Einige Wochen später rief Lena an und fragte ihre Mutter, ob sie sich nochmals vorstellen könnte Berlin zu verlassen, um mit ihr und ihrer neuen Freundin in ein Haus in Bad Kreuznach zu ziehen. Lena würde weiter in Bonn arbeiten, hätte aber, nebenbei, einen Trainerjob beim dort ansässigen Hockeyverein, in dem auch ihre Freundin spielte. Claudia hatte natürlich noch das erste

Erlebnis im Kopf, was es bedeutete, mit ihrer Tochter und ihrer Freundin in ein Haus zu ziehen. Aber sie wollte es wagen, sie war 67 und finanziell würde es ihr entgegenkommen, weil sie nur eine geringe Miete zu zahlen hätte. In Berlin hielt sie nichts mehr, dort war sie nur einsam. Was hatte sie schon zu verlieren? Sie war verrückt genug, Lena ihre Zusage zu geben.

Claudia kündigte ihre Wohnung zum selben Zeitpunkt wie Lena und bestellte für die kommende Woche eine Möbelspedition. Einen Tag vor dem Umzug ereilte Claudia ein Anruf von Lena. Sie teilte ihr mit, dass ihre Freundin Nathalie nicht mit in das Haus ziehen würde, weil sie plötzlich Bindungsängste bekam. Claudia dachte, dass sie sich verhört hatte, doch es war tatsächlich so. Was sollte jetzt werden?

Lena und Claudia konnten nicht mehr zurück in ihre Wohnungen, weil diese nach ihren Kündigungen sofort neu vermietet waren. Daher entschlossen sie sich, trotz der widrigen Umstände, nach Bad Kreuznach zu ziehen. Lena hatte ihre Möbel schon dorthin gebracht. An einem Sonntag im Januar 2005 holte sie ihre Mutter in Berlin ab. Allerdings kam Lena mit ihrem Auto, sodass Claudia mit ihrem PKW hinter Lena herfahren musste.

Die erste Etappe führte die beiden nochmals nach Köln in Lenas altes Zuhause. Sie hatte dort noch ihre Katzen, die eine Nacht allein in der leeren Wohnung verbracht hatten. Nach sieben Stunden kamen sie endlich in Köln an und Lena lief schnell hinein, um ihre Tiere zu begrüßen. Nachdem das erledigt war, wollte sie zuerst das Katzenzubehör im Auto verstauen. In dem Moment, als sie die Wohnungstür beim Hinausgehen hinter sich schloss, fiel ihr ein, dass ihr Schlüssel in der Tür steckte. Von innen! Lena war fassungslos. Es war Sonntagabend, das Licht an, die Heizung in der Wohnung ausgeschaltet, die Katzen darin eingeschlossen! Sie rannte zu ihrer Mutter, die immer noch im Auto wartete, und besprach mit ihr die Lage. Dann fiel Lena ein, dass ihre Ex-Freundin Vera noch einen Schlüssel hatte, und versuchte sie über ihr Handy zu erreichen, doch sie konnte ihr nur auf ihre Mailbox sprechen. Sie warteten eine Stunde auf Veras Rückruf, doch der kam nicht. Das bedeutete, dass die Katzen die Nacht über allein in der kalten Wohnung bleiben mussten, denn Lena wollte keinen Schlüsseldienst beauftragen, die Kosten wären zu hoch gewesen. Sie wusste, dass ihre Tiere die Nacht überstehen würden, außerdem wollte sie am nächsten Morgen wieder zurück sein. Lena machte sich nun mit ihrer Mutter auf den Weg nach Bad Kreuznach.

Inzwischen war es 22:00 Uhr und sie hatten noch zwei Stunden Fahrt vor sich. Für Claudia war die Tour sehr anstrengend, sie hatte die Strecke Berlin–Köln schon hinter sich und nun noch nach Bad Kreuznach. Aber die Vorfreude auf das Haus war größer als die momentane Anstrengung.

Da die Strecke um diese Uhrzeit kaum befahren war, kamen sie zügig voran. Doch Claudia brachte etwas Unruhe in die Fahrt, weil sie des Öfteren das Abblendlicht ausschaltete, obwohl sie nur blinken wollte. Nachdem Lena sie immer wieder darauf aufmerksam machte, konzentrierte sich Claudia nach einer kleinen Pause wieder neu und sie kamen gut nach anderthalb Stunden in Pfaffen-Schwabenheim an, einem Vorort von Bad Kreuznach, in dem das Haus stand. Als sie es betraten, standen nur Lenas Möbel in ihren Zimmern, Claudias Möbel sollten in drei Tagen kommen. Lena hatte ihrer Mutter ein Bett organisiert, das im Souterrain des Hauses stand. So fiel sie müde, aber glücklich recht schnell in einen tiefen Schlaf. Ihr Hund Bac musste im leeren Wohnzimmer bleiben, da er die Stufen mit seinen langen Beinen nicht hinunterkam. Das war für den Hund eine große Umstellung, es war ja eine völlig neue Umgebung für ihn, doch er würde sich schon daran gewöhnen. Am nächsten Morgen, Lena war schon seit 5:00 Uhr auf dem Weg nach Köln, um ihre Katzen zu holen, hatte Claudia Zeit, sich erst einmal das große Haus anzuschauen.

Sie bewohnten ein Reihenhaus in Pfaffen-Schwabenheim, das Claudia sehr gut gefiel. Doch als sie vor das Haus trat, empfing sie nur Natur. Weinberge und Felder, soweit das Auge nur sehen konnte. Das war natürlich sehr idyllisch, dennoch, für eine Großstädterin gewöhnungsbedürftig, da es noch ruhiger war als in Kerpen-Buir. Mit so viel Ruhe und Einsamkeit hatte sie dann doch nicht gerechnet. Trotzdem, Claudia hoffte auf nette Nachbarn und dass sie hier schnell Anschluss finden würde. Zwei Tage später kamen ihre Möbel und sie konnte sich endlich einrichten.

Die nächsten Tage unternahm sie mit Bac lange Spaziergänge, doch ihr fiel auf, dass er nicht mehr lange laufen konnte und wollte. Er war inzwischen vierzehn Jahre alt und Claudia war sich dessen bewusst, dass er schon sehr alt war und vielleicht nicht mehr so lange zu leben hatte. Das machte sie sehr traurig, aber darüber wollte sie erst einmal nicht mehr nachdenken.

Lena war kaum zu Hause. Sie hatte die lange Fahrt nach Bonn zur Arbeit, das bedeutete, vier Stunden täglich mit der Bahn unterwegs zu sein. Wenn sie nach Hause kam, ging sie in Bad Kreuznach noch zweimal in der Woche zum Training, Claudia war also die gesamte Woche allein im Haus und der Kontakt zu ihren Nachbarn war auch nicht so umfangreich, wie sie sich erhofft hatte.

Claudia wohnte seit acht Wochen in Bad Kreuznach, als sie abends noch einen kleinen Spaziergang mit ihrem Hund unternahm. Plötzlich schwankte Bac, bekam Schaum vorm Maul und konnte sich kaum noch auf den Beinen halten. Claudia kehrte sofort mit ihm um und klingelte bei ihren Nachbarn, die beide Tierärzte waren. Doch sie waren nicht zu Hause, auch alle anderen Nachbarn waren nicht zu erreichen. Claudia wusste nicht, was sie tun sollte, denn Lena war auch noch nicht da. Bac legte sich auf seine Decke und Claudia richtete sich neben ihm ein und blieb so lange bei ihm sitzen, bis ihre Tochter nach Hause kam. Als Lena eintraf, ging es Bac schon wieder etwas besser, doch Claudia hatte das schlimme Gefühl, dass ihr Hund die Nacht nicht überleben würde. Sie schlug ihr Nachtlager neben Bac auf und schlief irgendwann ein. Um Punkt 04:00 Uhr nahm sie im Unterbewusstsein ein Geräusch war. Es dauerte einen Moment, bis sie zu sich kam, doch dann hörte sie das Seufzen von Bac. Sie sprang auf, lief zu ihm und fing an zu schreien.

Lena wurde sofort wach, kam die Treppe heruntergerannt und fand Bac fast leblos vor. Sie kniete sich zu ihm hinunter, nahm seinen Kopf in ihren Schoß, er hob den Kopf, schaute Lena mit glasigen Augen an und schlief mit einem tiefen Seufzer ein. Seine Blase entlud sich und Bac war tot.

Claudia stand unter Schock und weinte unaufhörlich. Lena deckte Bac zu und am frühen Morgen hob sie im Garten ein Grab aus und beerdigte ihn.

52

Die folgenden Tage waren von Trauer durchzogen und Claudia wusste nicht, wie sie die langen einsamen Stunden füllen sollte. Einen neuen Hund wollte sie sich in der nächsten Zeit nicht zulegen, denn vierzehneinhalb Jahre war Bac ihr ein liebenswerter und treuer Begleiter gewesen, dessen Platz kein anderes Tier einnehmen konnte. Doch als Lena mit ansehen musste, wie ihre Mutter langsam vereinsamte, schlug sie ihr in einem ruhigen Gespräch einen Besuch im Bad Kreuznacher Tierheim vor. Bac hatte sie schließlich auch aus einem Tierheim gerettet, warum sollte sie nicht wieder einem armen Hund ein schönes Zuhause bieten. Claudia war einverstanden und so fuhren sie eine Woche nach Bacs Tod gemeinsam los. Als sie im Tierheim ankamen, wurden sie schon von lautem Gebell der Hunde begrüßt. Lena fand gleich in der ersten Box den Hund, den sie nehmen würde, aber der Hund sollte für ihre Mutter sein und der gefiel dieses Tier gar nicht. Claudia wollte sich erst einmal alle Hunde anschauen. Doch es waren vermehrt Tiere, die schon älter waren, aber sie war nicht in der Lage, einen älteren Hund zu nehmen, den sie vielleicht bald wieder beerdigen müsste. Nach ihrem Rundgang kamen sie wieder an der ersten Box vorbei, in der Lenas Favoritin saß. Claudia war die Hündin zu wild, sie sprang an ihrem Gitter hoch und hörte nicht auf zu bellen; alles Dinge, die Bac damals nicht gezeigt hatte. Doch Lena machte ihrer Mutter klar, dass sie keinen Hund mit Bac vergleichen durfte, er war einmalig. Auch diese Hündin hatte etwas Liebenswertes und sie war noch jung. Claudia dachte kurz über Lenas Worte nach. Eigentlich war es ein schöner Hund und warum es nicht probieren. Sie bat den Pfleger, sich die Hündin anschauen zu dürfen und als er sie aus ihrer Box ließ, war das Chaos perfekt. Sie kam nicht zum Begrüßen, sondern rannte ohne Pause durch das Auslaufgehege. Lena war begeistert, Claudia weniger. Nachdem sich die Hündin etwas abreagiert hatte, bekam sie ein Geschirr um und Mutter und Tochter unternahmen einen ersten kleinen Ausflug mit ihr. Als dieser wider Erwarten gut verlief, entschied sich Claudia, dem Hund und sich eine Chance zu geben.

Nachdem sie zurück im Haus waren und Jule, wie Claudia die Hündin taufte, glücklich über ihre Freiheit war und sie das Haus von oben bis unten inspizierte, hatte Claudia diesen Hund doch in ihr Herz geschlossen.

Damit Jule nicht weglaufen, sich aber im Garten frei bewegen konnte, zog Lena noch einen Zaun, und so tollten die Katzen und der Hund durch den Garten und das Haus und hatten sichtbaren Spaß. Jetzt fing für Claudia die schwierigste Phase mit Jule an, denn sie war zehn Monate alt, sehr verspielt und wenig erzogen. Obwohl Claudia nicht viel Erfahrung in der Hundeerziehung hatte, da ihre bisherigen Hunde von klein an aufs Wort gehört hatten, versuchte sie Jule beizubringen, wie ein Hund neben seinem Besitzer zu laufen hat. Sie besorgte sich eine Schleppleine und begann das tägliche Training.

Durch die lange Schleppleine wurde Claudia in den ersten Tagen des Öfteren von Jule umgerissen, wobei sich Claudia eine Rippe brach. Aber aufgeben gab es für sie nicht. Nach einigen Wochen des Übens traute sich Claudia zu, Jule von der Leine zu lassen, obwohl sie sich nicht sicher sein konnte, dass der Hund auf sie hören würde. Claudia löste die Leine und Jule rannte im hohen Tempo über die Felder. Sie hörte zwar nicht aufs Wort, aber sie blieb in Sichtweite und damit war Claudia schon ganz zufrieden. Doch am nächsten Tag klappte es nicht so gut. Jule lief nicht angeleint vor Claudia her, als plötzlich ein Feldhase aus dem Gebüsch auf den Weg lief. Für die Hündin gab es kein Halten mehr, sie rannte hinter dem Hasen her und nach wenigen Metern war sie im angrenzenden Wald verschwunden. Claudia rief immer wieder nach ihr, aber es rührte sich nichts. Sie bekam Angst, weil sich hinter dem Wald eine stark befahrene Landstraße befand. Claudia lief die Wege ab, ging in den Wald, drehte wieder um und ging zu der Stelle zurück, wo sie Jule verloren hatte. Und da saß sie entspannt vor einem Gatter, in dem sich ein Jungbulle befand, und beobachtete ihn. Claudia rief Jule zu sich, und als sie ihr Frauchen sah, freute sie sich, als wenn sie Jahre voneinander getrennt gewesen wären. Claudia lobte ihren Hund und so konnten sie ihren Spaziergang ohne weitere Zwischenfälle fortsetzen. Jule machte Claudia viel Freude, Lena dagegen weniger.

Sie entwickelte sich zu einem Nervenbündel, denn der tägliche Stress, dem sie ausgesetzt war, zehrte an ihr. Sie kam nur noch zum Schlafen nach Hause, ansonsten befand sie sich in Bonn bei ihrer Arbeit, in der Bahn oder nach der Arbeit auf dem Weg zu ihrem Nebenjob in Bad Kreuznach. Lena wurde unausgeglichen, leicht reizbar und hatte an nichts mehr Freude. Ein Privatleben mit einer Partnerin war auch nicht in Sicht, denn Lena hatte sich von Nathalie getrennt, nachdem sie kein Interesse mehr hatte, ein Haus mit den beiden teilen zu wollen. Das war Lena zu viel, sie wollte mit solch einer Frau nichts mehr zu tun haben.

Ein Dreivierteljahr war vergangen, Lena saß im Zug und war auf dem Heimweg aus Bonn von ihrer Arbeitsstelle, da wurde im Koblenzer Hauptbahnhof ein Bombenalarm ausgelöst. Ihr Zug stand in der Einfahrt vor dem Bahnhof. Zwei Stunden musste sie warten, bis sie gegen 22:00 Uhr endlich zu Hause ankam. Ab diesem Moment war Lena klar, dass sie nicht mehr in diesem Ort bleiben wollte. Sie besprach sich mit ihrer Mutter, ob sie nicht wieder zurück nach Köln oder nach Bonn gehen sollten, und Claudia war einverstanden, vor allem da auch sie sich keinen Bekanntenkreis aufbauen konnte. Die Nachbarschaft verstand sich zwar gut, aber jeder blieb für sich und in seinen vier Wänden. Somit kündigte Lena ihren Nebenjob und fand Ende des Jahres 2006 eine Wohnung in Köln. Nach nur einem Jahr in Pfaffen-Schwabenheim zogen Mutter und Tochter zum Februar 2007 wieder einmal um.

∞∞

53

Der Umzug gestaltete sich mit einem kleinen Umzugsunternehmen recht zügig, und nachdem beide Frauen zwei Tage in ihrer neuen Wohnung wohnten und mit Einräumen beschäftigt waren, bekamen sie schon Ärger mit dem Hausmeisterehepaar. Es handelte sich um reine Schikane. Die übrigen Mieter teilten ihnen mit, dass es immer wieder Schwierigkeiten mit diesem Ehepaar geben würde, doch das interessierte die beiden Frauen vorerst nicht, sie wollten sich erst einmal in ihrer neuen Umgebung einleben und umschauen. So fuhren sie die Gegend ab, um zu erkunden, wo sie mit dem Hund am besten spazieren gehen konnten und wo es welche Einkaufsmöglichkeiten gab. Da Lena nur ein Jahr aus Köln weg gewesen war, kannte sie sich natürlich gut aus und zeigte ihrer Mutter den Weg zum Decksteiner Weiher, einer großen Parkanlage, die zum Joggen, Walken, Spazierengehen und Fahrradfahren einlud.

Claudia fand es dort herrlich und auch Jule fühlte sich sehr wohl, konnte sie doch ins Wasser gehen, wenngleich nur in Ufernähe. Denn der Rest des Sees gehörte den Schwänen und den vielen verschiedenen Entenarten. Es dauerte nicht lange und Claudia hatte einige Bekanntschaften mit Hundebesitzern gemacht. Sie fühlte sich sehr wohl in Köln, dieses

Gefühl hatte sie in Berlin selten und in Bad Kreuznach überhaupt nicht gehabt.

Doch eines Tages gab es wieder einmal einen Vorfall, der Lena und Claudia lange vom Decksteiner Weiher fernhielt.

Sie gingen mit Jule in ihrem Lieblingspark spazieren, als ein älterer Mann auf seinem Fahrrad ihnen entgegenkam. Lena beobachtete ihn schon von Weitem und ihr fiel auf, dass der Mann während des Fahrens immer wieder seinen Blick zur Seite auf den Weiher richtete. Jule lief mittig auf dem Weg. Lena ahnte die Gefahr schon und rief Jule zu sich. Dem Radfahrer rief sie zu, er solle nach vorn schauen, doch er reagierte gar nicht und da war es schon passiert! Der Mann drehte sich nach vorn, sah Jule den Weg kreuzen und wich in die falsche Richtung aus. Er fuhr Jule an und stürzte dabei selbst. Jule lag kurz unter dem Rad, rappelte sich hervor, geriet in Panik und rannte los. Das Chaos war perfekt. Claudia schrie hysterisch und lief Jule hinterher, Lena blieb bei dem alten Mann und half ihm hoch. Doch anstelle sich zu bedanken und sich zu entschuldigen, beschimpfte er Lena. Er hatte sich am Knie und an den Händen Schürfwunden und ein Loch in seiner Hose zugezogen und wollte Schadensersatz. Als Lena ihm klarmachen wollte, dass er nicht auf ihr Rufen reagiert und nicht auf den Weg geachtet hatte, dann noch in die falsche Richtung ausgewichen sei, sah sie, wie er sich an die Ohren fasste. Der Mann trug Hörgeräte.

Als sie ihn darauf ansprach, ob er sie nicht angeschaltet hatte, wurde er noch unverschämter. Er drohte mit der Polizei, weil Jule nicht angeleint war, was sie in diesem Park aber nicht sein musste. Doch davon wollte er nichts hören. Lena war sehr besonnen und sprach den Mann immer wieder auf seine Hörgeräte an, bis er zugab, dass sie während des Fahrens ausgestellt waren.

Lena bot ihm an, für die Hose fünfzig Euro zu bezahlen und die Angelegenheit wäre bereinigt, denn an einer gerichtlichen Auseinandersetzung hatten beide kein Interesse. Der Radfahrer nahm Lenas Angebot an, sie tauschten ihre persönlichen Daten aus und jeder ging seiner Wege. Lenas Weg war sofort der, den Jule eingeschlagen hatte, zurück Richtung Parkplatz. Als Lena dort ankam, fand sie ihre Mutter völlig aufgelöst vor. Jule irrte, in Sichtweite, im Wald umher, ließ sich aber nicht einfangen, da sie unter Schock stand. Beinahe wäre sie auf die angrenzende Landstraße gelaufen, doch ein Spaziergänger konnte sie am Geschirr greifen, jedoch nicht festhalten. Zum Glück rannte sie wieder zurück zum Parkplatz. Nun lag es an Lena, ruhig auf Jule zuzugehen und ihr das Vertrauen darin zu vermitteln, dass alles in Ordnung war. Es dauerte noch eine halbe Stunde, bis Jule näher kam und Lena sie am Geschirr greifen konnte. Im Auto untersuchte Claudia ihren Hund auf eventuelle Verletzungen, aber es war nichts zu erkennen. Jule hatte Glück im Unglück.

Claudia entschied sich, in nächster Zeit nicht mehr um den Decksteiner Weiher zu gehen, suchte sich einen neuen Park und fand ihn gar nicht weit von ihrer Wohnung. Der Forstbotanische Garten in Köln-Rodenkirchen war der perfekte Park, kleiner als der Decksteiner Weiher und auch viele Hundebesitzer waren dort anzutreffen.

Claudia knüpfte schnell Bekanntschaften und verabredete sich täglich mit einigen Hundehaltern. An einem Wochenende begleitete Lena ihre Mutter und Jule in den Forstbotanischen Garten, als ihr ein kleines, weißes Hundewollknäuel entgegenlief. Ein Welpe namens Snoopy eroberte Jules Gunst und auch die Halterin und Claudia waren sich sofort sympathisch. Lena durfte ein paar Fotos von Snoopy machen, danach verabschiedeten sie sich wieder voneinander. Einige Wochen später traf Claudia die Frau zufällig wieder und gemeinsam gingen sie durch den Park. Claudia fragte Leonie, so hieß Snoopys Besitzerin, ob sie auch aus Berlin stammte, da sie Berliner Dialekt sprach, aber Leonie sagte ihr, dass sie aus Eberswalde kam, das nicht weit entfernt von Berlin war. Claudia erzählte Leonie, dass die Fotos von ihrem Hund und Jule sehr gut geworden seien und sie ihr gerne Abzüge zukommen lassen würde. Leonie freute sich sehr über dieses Angebot und nahm es gern an. Der Nachmittag verging sehr schnell und sie verabredeten sich für den nächsten

Tag. Da Claudia und Leonie in keiner Beziehung lebten und auch keinerlei Interesse hatten, Männer kennenzulernen, weil sie beide schlechte Erfahrungen mit Männern gemacht hatten, wurden sie zu guten Freundinnen. Sie konnten über alles reden und unternahmen viele Dinge gemeinsam. Aus ihrer Begegnung entstand eine dauerhafte Freundschaft. Lena fühlte sich in Köln auch wieder wohler und nahm einen Nebenjob als Hockeytrainerin in Köln an. Sie lernte auch wieder Frauen kennen, hatte kurze Flirts, aber die Frau fürs Leben sollte nicht unter ihnen sein. Einer dieser Flirts sollte Ärger mit dem Hausmeisterpaar ihres Hauses bringen. Lena verabschiedete sich damals von einer Freundin mit einem Kuss vor der Haustür. Sie bemerkte sofort, dass der Rollladen in der Erdgeschosswohnung sich öffnete, aber das interessierte sie nicht.

Einige Tage später fing ein Nachbar Lena im Treppenhaus ab und teilte ihr mit, dass das Hausmeisterpaar sie und ihre Mutter in der Nachbarschaft schlechtmachen würde. Nicht nur dass Lena farbig war und sich mit ihrer Mutter eine Wohnung teilte, was ja schon nicht normal sei, sie war auch noch lesbisch. Der freundliche Nachbar riet Lena, mit einem Anwalt zu drohen, denn Diskriminierung wurde strafrechtlich verfolgt und sollte es schon gar nicht in ihrem Haus geben. Lena bedankte sich für die Unterstützung und kontaktierte direkt ihre Anwältin, die umgehend ein Schreiben an das Paar aufsetzte. Das Verhalten des Hausmeisterpaares musste sich bis zu den Vermietern herumgesprochen haben, die ebenfalls in der angrenzenden Nachbarschaft wohnten, denn einige Wochen später wurde dem Hausmeisterpaar die Wohnung gekündigt. Seit deren Auszug war es eine sehr angenehme und ruhige Hausgemeinschaft.

Problematischer gestaltete sich eher das Zusammenleben zwischen Mutter und Tochter auf dem engen Raum einer Wohnung. Der Unterschied zwischen einem 180 Quadratmeter großen Haus und einer 112 Quadratmeter großen Wohnung wurde spürbar.

54

Die Vier-Zimmer-Wohnung teilten sich die beiden Frauen zwar gerecht auf, aber nun liefen sie sich ständig über den Weg und Claudia hatte eine andere Vorstellung von einem gemeinsamen Wohnen als Lena. Claudia fühlte sich ein wenig zurückversetzt in die Zeit, in der Lena klein gewesen war. Sie konnte ihre Tochter wieder richtig umsorgen. Wenn Lena etwas liegen ließ, wurde es von ihr direkt weggeräumt, sie wusch ihre Wäsche und machte das Essen. Doch Lena fühlte sich in ihrer persönlichen Entfaltung beschnitten. Sie war zwar Claudias Kind, aber sie war erwachsen und wollte eher wie in einer WG mit ihrer Mutter leben als ein Leben wie zu Kindertagen. Lena fühlte sich auch nicht frei, wenn sie eine Frau kennenlernte und mit nach Hause brachte, denn sie konnte sich nicht so verhalten, als wenn sie eine eigene Wohnung gehabt hätte. Obwohl ihre Mutter sie nie direkt störte, war sie doch anwesend, und das hemmte Lena sehr. Allerdings sah Claudia die Situation nicht so dramatisch wie Lena. Sie freute sich über Besuch, mochte Lenas Freundinnen und verstand sich auch gut mit ihnen. Aber wenn es eine feste Beziehung war, suchte Lena die Zweisamkeit und nicht einen Abend zu dritt. Das konnte auf Dauer nicht gut gehen und so kam es ständig zu Reibereien.

Als Lena mit ihrer Mutter sprach und ihr klarmachte, dass sie so nicht mit ihr leben konnte, war Claudia sehr traurig und es war, trotz der Aussprache, weiterhin keine gute Stimmung in dem kleinen Haushalt zu spüren.

Sie hatten kaum Absprachen, jede gestaltete ihr Leben so, wie sie es die letzten Jahre gewohnt war. Lena kam damit gut klar, aber Claudia ertrug dieses nebeneinanderher Leben und Anschweigen nicht sehr gut. Allerdings rauften sich beide Frauen auch immer wieder zusammen, da ihnen klar war, dass es im Augenblick keine andere Möglichkeit gab als dieses Zusammensein. Fünf Jahre lebten die beiden miteinander, aber es war an der Zeit, dass eine Veränderung getroffen wurde. Und die Möglichkeit zur Veränderung kam unerwartet.

∞

55

Lena war mit ihrem Motorrad unterwegs. Claudia war noch zu Hause, war aber im Begriff, die Wohnung zu verlassen, als es an der Tür klingelte. Sie öffnete nicht sofort. Weil sie nicht wusste, wer es sein konnte, ging sie zum Küchenfenster, um zu schauen, wer draußen stand. Sie sah nur einen Polizeiwagen. Claudia war geschockt und viele Dinge rasten ihr kurz durch den Kopf. Sie wollte von den Polizisten nicht hören, dass ihre Tochter mit dem Motorrad verunglückt war. Mit zitternden Knien ging sie zur Wohnungstür und öffnete sie. Als die Beamten oben ankamen, begrüßte Claudia sie direkt mit den Worten: „Ist meiner Tochter etwas passiert?" Die Beamten stellten sich erst einmal vor und konnten sie soweit beruhigen, dass sie nicht wegen ihrer Tochter da seien. Claudia fiel ein Stein vom Herzen, aber was wollten die Beamten dann? Sie bat sie herein.

Einer der Polizisten versuchte ihr so schonend wie möglich klarzumachen, dass Alberto verstorben war, doch mit dieser Reaktion Claudias hatte er dann auch nicht gerechnet. Sie wirkte entspannt und nicht sonderlich betroffen. Sie erklärte den Beamten, dass sie schon sehr lange getrennt lebten und auch nichts mehr voneinander gehört hatten. In diesem Moment kam Lena nach Hause und war froh, als sie ihre Mutter gesund und munter antraf, denn auch sie hatte gedacht, dass ihr etwas passiert war, nachdem sie den Polizeiwagen vor der Haustür hatte stehen sehen und Stimmen aus ihrer Wohnung schon im Treppenhaus hatte hören können. Auch ihre Reaktion war nüchtern und gefasst, als Claudia ihr die Nachricht mitteilte. Nachdem die Beamten sahen, dass sie keine Seelsorger abgeben mussten, verabschiedeten sie sich und gaben Claudia noch Infos, wo sie sich melden müsste, wenn sie sich um den Nachlass kümmern wollte. Das fehlte Claudia jetzt noch. Sie konnte aus finanziellen Gründen nicht nach Berlin fahren und musste somit alles telefonisch regeln, was sich als kompliziert entpuppte. Vier Wochen war sie damit beschäftigt, Alberto zu beerdigen, allerdings hatte sie große Hilfe der Mitarbeiter der entsprechenden Ämter in Berlin. Nachdem diese Zeit hinter ihr lag, konnte sie sich wieder schöneren Dingen widmen.

Lena war indessen damit beschäftigt, für beide Frauen jeweils eine eigene Wohnung zu finden. Man sollte nie an Vorteile denken, wenn man einen Menschen beerdigte, doch durch Albertos Tod hatte Claudia etwas mehr Geld zu Verfügung, weil sie nun seine Rente bekam. Damit war sie in der Lage, eine kleine Wohnung selbst zu finanzieren. Doch das war in Köln nicht so einfach, denn Claudia hatte so ihre Vorstellung von der Umgebung, in der sie wohnen wollte. Die Möglichkeit schnell in einen Park oder an den Rhein zu kommen, um mit Jule Gassi zu gehen, musste gewährleistet sein. Und günstig sollte die Wohnung dann auch sein. Lena hatte also eine echte Aufgabe, denn neben ihrer Arbeit brauchte auch sie noch eine Wohnung. Jeden Abend suchte sie im Internet nach den passenden Objekten und nach einer Woche des Suchens fand sie die Wohnung für ihre Mutter.

Claudia ging das dann doch alles ziemlich schnell, denn sie hatte nicht gedacht, dass Lena tatsächlich etwas finden würde. Sie wusste nicht, ob sie sich freuen oder traurig sein sollte, aber sie war neugierig und wollte der Wohnung eine Chance geben. Ein paar Tage später ging es zur Besichtigung und Claudia war begeistert. Genau so hatte sie sich ihr kleines Reich vorgestellt. Zwei Zimmer, ein Bad mit Dusche und Badewanne, Abstellkammer, eine Wohnküche und ein Balkon, was wollte frau mehr. Es gab sogar einen Aufzug, weil Claudia, jetzt mit 72 Jahren, schon kleinere Probleme in den Knien bemerkte und nicht mehr so leicht die Treppen nehmen konnte. Sie wollte diese Wohnung unbedingt haben und nach einigen Tagen des Pokerns mit dem Makler bekam sie den Zuschlag.

Claudia fiel es schwer, sich von ihrer Tochter wohnungsmäßig zu trennen, auch wenn die vergangenen sechs gemeinsamen Jahre nicht immer leicht miteinander gewesen waren. Sie hatte sich daran gewöhnt, nicht allein zu sein. Aber ihr war klar, dass es das Beste für sie beide war.

Vor dem Umzug strich Lena die Wohnung und organisierte dann alles. Als Claudia die erste Nacht in ihrer eigenen kleinen Wohnung verbrachte, machte sich nach langer Zeit wieder ein Glücksgefühl in ihr breit, das sie nicht mehr missen wollte. Sie konnte sich bewegen, wie sie wollte, und ihr Leben nach ihren Wünschen gestalten. Sie lernte sehr nette Nachbarn kennen und hatte endlich das Gefühl, angekommen zu sein. Allerdings machte sie sich noch Sorgen um ihre Tochter, die noch in der alten, halb leeren Wohnung lebte.

Doch einen Monat später, im Oktober 2011, fand auch Lena ihr neues Zuhause. Sie gefiel ihr gut, war nur viel zu teuer. Aber in ihrer alten Wohnung konnte sie nicht mehr länger wohnen, da sie zu Ende Oktober bereits von ihr gekündigt worden war. Doch für ein Jahr war es erst einmal in Ordnung, länger wollte sie in der neuen Wohnung nicht bleiben, es musste ja noch günstigere Möglichkeiten in Köln geben, die nicht an einer stark befahrenen Straße lagen. Einen Vorteil hatte die Wohnung allerdings: Sie lag nur einen Kilometer von der Wohnung ihrer Mutter entfernt und das war erst einmal das wichtigste. So lebten die beiden Frauen endlich in ihren eigenen vier Wänden, sahen sich, sooft es ging, und verstanden sich wieder viel besser.

So verging fast ein Jahr, als etwas geschah, womit Lena nicht mehr gerechnet hatte. Sie war inzwischen fünfzig Jahre alt und lernte die Frau ihres Lebens kennen. Als Lena ihrer Mutter von ihrer neuen Freundin erzählte, war Claudia skeptisch, denn sie hatte schon viele Frauen in Lenas Leben kommen und gehen sehen. Doch als Lena ihr ihre Freundin vorstellte, war Claudia von deren Art und ihrem Aussehen begeistert und sie konnte ihre Tochter zu so einer tollen Frau nur beglückwünschen.

Dann ging alles Schlag auf Schlag. Nach einem Jahr in ihrer Wohnung in Köln kündigte Lena sie auch schon wieder, kündigte auch, nach dreizehn Jahren im selben Betrieb, ihren Job, suchte und fand eine neue Arbeit nahe der niederländischen Grenze und kaufte mit ihrer Freundin in der Nähe von Aachen ein frei stehendes Haus.

Dort leben sie heute, doch ist es wirklich das Glück, das sie sich erhofft hat? Lena sollte bitter enttäuscht werden.

Doch das ist eine ganz andere Geschichte ...!

Die Autorin

Marion Hilantu wurde 1939 in Berlin geboren und absolvierte eine Ausbildung zur klassischen Tänzerin. 1961 bekam sie eine Tochter und machte dann eine Umschulung zur Fachverkäuferin. In ihrem ersten Werk „Frühappell & Nougatbombe" erzählt sie aus ihrem bewegten Leben.

novum VERLAG FÜR NEUAUTOREN

Der Verlag

„ *Wer aufhört
besser zu werden,
hat aufgehört
gut zu sein!*

Basierend auf diesem Motto ist es dem novum Verlag ein Anliegen neue Manuskripte aufzuspüren, zu veröffentlichen und deren Autoren langfristig zu fördern. Mittlerweile gilt der 1997 gegründete und mehrfach prämierte Verlag als Spezialist für Neuautoren in Deutschland, Österreich und der Schweiz.

Für jedes neue Manuskript wird innerhalb weniger Wochen eine kostenfreie, unverbindliche Lektorats-Prüfung erstellt.

Weitere Informationen zum Verlag und
seinen Büchern finden Sie im Internet unter:

w w w . n o v u m v e r l a g . c o m

Bewerten Sie dieses Buch auf unserer Homepage!

www.novumverlag.com